인정받고 싶은 마음

SHONIN YOKKYU NO JUBAKU
by Hajime Ohta

왜 노력하는 사람이
불행해지는가

인정받고 싶은 마음

오타 하지메 지음 | **민경욱** 옮김

웅진 지식하우스

오늘도 우리는
인정 욕구의 늪에서 살아간다

예전에 비해 요즘 들어 '인정 욕구'라는 말이 유독 자주 쓰이고 있다. 그러나 유감스럽게도 조금 좋지 않은 의미로 사용되고 있는 듯하다.

인스타그램이나 트위터, 페이스북에 사생활을 함부로 공개하거나 실제보다 미화해 올리는 사람은 물론 고속도로를 시속 280킬로미터로 폭주하는 동영상을 인터넷에 올려 검찰에 기소된 경우나 아르바이트생이 냉장고에 들어간 사진을 올렸다가 해당 편의점이 폐점 위기에 몰린 일도 있었다.

다른 사람의 말은 귀담아듣지 않으면서 자기 말만 해대는 사람이나 잠시라도 주목받지 않으면 견디지 못하는 '관종'도 주위에 늘 있다. 물론 자기 마음속에 숨어 있는 인정 욕구의 존재를 깨닫고 어떻게 다뤄야 할지 몰라 당황하는 사람도 늘어나고 있다. 모두 인정 욕구가 지나치게 강한 탓이라고 세상은 냉소한다.

유명한 심리학자 A.H.매슬로의 욕구 단계 이론을 통해 알려진 인정 욕구는 원래 인간의 정상적인 욕구 중 하나다. 매슬로에 따르면 인정 욕구는 존경·자존 욕구라고도 불리며, 다른 사람에게 인정받고 싶다, 자신이 가치 있는 존재라는 인정을 받고 싶다는 욕구다.[1] 인정 욕구가 있기에 인간은 노력이란 걸 하고 건전하게 성장한다고 해도 과언이 아니다. 다른 사람과 협력하고 서로 돕는 동기도 인정 욕구에서 생기는 경우가 많다.

나는 20년 전부터 인정 욕구에 주목해 그게 인간에게 얼마나 중요한지, 얼마나 강력한지를 수많은 사례와 실증 연구로 밝혀왔다. 그런데 인정 욕구로 인해 이제까지 지적되어 온 바와는 완전히 다른 문제가 발생하고 있다. 그것은 주목받기 위한 자기 과시와 요란한 행동보다 어떤 의미에서는 더 위험하고 한층 심각한 영향을 사회에 끼친다. 수면 아래에서 서서히 증식하다가 마침내 조직과 사회에 중대한 영향을 미치게 된 것이다. 그런데도 주위나 본인 모두 그것이 인정 욕구 때문임을 알아차리지 못하고 있다. 단적인 예로 아래와 같은 일들이 발생하고 있다.

- 스포츠계에서 잇따라 발각된 폭력과 갑질
- 사회문제가 된 집단 따돌림과 은둔형 외톨이
- 관료가 자행한 공문서 위조와 사실 은폐
- 대기업에서 계속 발생하는 검사 데이터 날조와 회계 부정
- 2015년 12월, 일본 최대 광고사인 덴쓰電通에서 신입사원이 자살한 사건을 계기로 새삼 심각하게 드러난 과로 자살과 과로사
- 권고만으로는 좀처럼 나아지지 않는 근무 방식 개혁

이들 문제의 배후에 숨어 있는 것은 인정 욕구의 강박이다. 내가 처음 이 문제를 알아차린 것은 대학원생을 지도할 때였다. 한 대학원생이 어렵게 연구한 성과를 교원들 앞에서 발표하고 높은 평가를 받았다. 그렇게 앞으로의 연구 발전에 기대를 모은 순간, 학생은 갑자기 대학원에 자퇴 서류를 내더니 그 후로 더는 학교에 오지 않았다. 또 다른 대학원생은 아주 뛰어난 성적으로 박사 과정까지 올라갔으나 자기 방에 틀어박혀 가족과도 말하지 않는 사이가 되어버렸다. 처음에는 특이한 사례라고만 생각했는데 나중에 비슷한 현상이 종종 일어나고 있음을 알았다.

우연히 들른 어느 회사에서는 다음과 같은 이야기를 들었다. 어느 날 사장이 공장에 시찰차 들러 기계를 능숙하게 조작하는 젊은 사원의 근무 태도를 칭찬했다. 그리고 "기대하고 있으니 잘 해보게"라고 말하며 그의 어깨를 툭툭 두드렸다. 이후 동료들에게도 주목받게 된 그는 누구보다 일찍 출근해 만반의 준비를 끝낸 다음 일에 나섰다. 그런데 얼마 지나지 않아 그가 정신적인 문제를 호소하며 휴직했다는 것이다.

거듭 이런 사례가 특수한 경우가 아니라는 점을 강조하고 싶다. 오히려 일정한 조건만 갖춰지면 상당히 높은 확률로 발생한다. 그리고 그것이 어떤 선을 넘으면 심각한 사회문제가 일어난다. 조직이나 사회를 연구하는 직업을 가진 사람으로서 간과할 수 없는 현상이다.

사람은 인정받으면 받을수록 거기에 매달린다. 날씬한 몸매를 자랑하고 싶어 SNS에 사진을 올렸다가 '좋아요'를 잔뜩 받은 뒤로는 '좋아요'를 눌러준 사람들의 기대에 어긋나지 않으려 무리하게 다이어트를 이어가다가 섭식 장애를 겪는 여성이 적지 않다. 앞서 이야기한 시속 280킬로미터로 폭주한 남성 역시 과거에 여러 번 폭주하는 동영상을 올렸다고 한다. 아마도 처음에는 그저 자랑하고 싶은 마음이었겠으나 거기에 점점 기대에 부응해야 한다는 심리가 더해져 폭주의 강도와 빈도도 높아졌을 것이다.

문제는 인정받고 싶다거나 평가받고 싶다고 생각하지 않는 사람 역시 이런 욕구와 관계가 없지 않다는 사실이다.

많은 사람들이 처음에는 가벼운 마음으로 SNS를 시작하지만 어느새 타인의 평가에 연연하게 된다. 인터넷에서 설문 조사를 실시한 결과 이용자의 과반수가 타인에게 '인정받고 싶다'라고 생각하면서 글을 올린다고 대답했다. 그 생각이 커지면 어떻게 될지는 쉽게 상상할 수 있다.

함정은 일상 곳곳에 숨어 있다. 누구나 우연히 다른 사람에게 칭찬을 받은 걸 계기로 자기도 모르게 중심을 잃고 주위에서 기대하는 방향으로 일을 해버리는 경우가 있다. 또 스스로가 타인의 평가에 신경 쓰지 않는 편이라고 생각했다가도 상황과 사람의 변화에 따라 인정 욕구에 연연하게 되면서 괴로움에 시달리는 경우도 있다.

선수들의 지지로 운동부 주장에 뽑힌 학생이 선수들을 지나치게 배려하다가 지쳐 동아리 활동이나 공부에 관해 무기력해진 경우, 회사 간부의 눈에 들어 갑자기 출셋길에 오른 사원이 행여나 간부의 눈 밖에 나게 될까 두려워 우울증에 빠진 경우, 입원 환자의 칭찬을 일하는 보람으로 여긴 간호사가 환자가 내뱉은 차가운

말 한마디에 일할 의욕을 송두리째 잃고 갑자기 사직한 경우 등 셀 수 없이 수시로 일어난다. 인정으로 얻은 좋은 기회가 어떤 계기를 통해 부정적인 결과로 이어지는 것이다. 그야말로 산이 높으면 계곡도 깊은 법이다.

애초에 인정은 상대의 의지에 달려 있다. 자신이 아무리 인정받고 싶어도, 아무리 노력해도, 상대가 인정해주지 않으면 인정 욕구는 채워지지 않는다. 아무리 막강한 권력과 경제력이 있어도 힘을 써서 인정을 끌어낼 수는 없다. 물론 스스로 바라지 않았는데도 상대에게 일방적으로 인정받을 때도 있다. 이처럼 타인이 존재해야 하고 서로에게 의존하는 가운데 충족되는 욕구인 것이다. 특히 인간관계에서 서로의 '분위기'를 읽어야 하는 일본의 조직과 사회에서는 강박도 더 강해진다.

하지만 대부분의 사람들은 인정 욕구의 강박에 빠져 있어도 깨닫지 못하거나 깨달았으면서도 인정하지 않으려는 경우가 많다. 그동안 조직이나 사회의 리더, 연구자 들도 이 문제를 제대로 바라보지 않았다.

그 때문에 실제로는 강박을 느끼면서 부끄러움이나 체면 때문에 숨기거나 책임감이나 사명감이라는 그럴듯한 말로 치환한다. 좀처럼 정체가 드러나지 않으니 대책도 세우지 못하고 있다. 그러는 동안 인정 욕구에 대한 강박은 점점 강해져 인간을, 그리고 조직과 사회를 침식하고 있다.

　인정 욕구에 대한 강박이 한번 인식되는 순간 얼마나 놀라우리만치 사소한 상황에서도 일어나는지 파악할 수 있는 데다가 많은 사회문제와 관련되어 있음을 알 수 있다.

　이제부터 인정 욕구에 대한 강박이 우리의 일과 생활 속에 얼마나 퍼져 있고 깊이 뿌리를 내리고 있는지, 얼마나 위험한지를 분명히 밝히려 한다. 이어서 상대를 인정 욕구에 가두지 않기 위해, 또 스스로를 옭아매지 않기 위해 어떻게 해야 하는지를 이야기하려 한다.

　다만 인정 욕구의 짙은 '그림자'를 부각하려면 밝은 '빛'을 느껴야 한다. '계곡'의 깊이를 알려면 '산'의 높이를 측정할 필요가 있는 것과 마찬가지다. 실제로 인정 욕구에서 비롯한 강박은 인정받음으로써 얻는 다양한 이익이나 기쁨과 깊이 관련되어 있다. 뒷모습을 보기 위해 마주 놓는 거울과 같이 우리는 '빛'과 '그림자'를 함께 살펴보려 한다.

　이 책을 통해 부모는 자식에게, 교사는 학생에게, 상사는 부하에게 칭찬이자 격려라고 생각해서 했던 행동이 결과적으로 상대를 압박했던 게 아닐까, 냉정하게 돌아보았으면 한다. 또한 경영자나 정책 입안자는 열심히 일하는 사람들을 강박에 빠지게 하는 시스템의 개선에 나섰으면 한다. 아울러 우리 모두 스스로가 강박에 얽매여 불행에 빠질 위험 부담을 지고 살아간다는 걸 인식하는 기회가 되었으면 한다.

지금부터 사람의 마음속에 잠들어 있는 인정 욕구라는 '괴물'의 정체를 밝히고 이것을 제대로 다루는 방법을 이야기해보려 한다.

목차

2 / 모두에게 인정받을 수는 없다

3 / 인정 욕구는 어떻게 우리의 뒤통수를 치는가

1/

삶은 인정 욕구에
좌우된다

Chapter 1

인정받는다는 것의
의미

| 인정받으면 변화한다 |

대학을 졸업하자마자 지역 생활협동조합에 취직한 여성 직원
은 몇 달이 지나도 일에 자신이 붙지 않았다. 예민한 성격 때문인
지 아니면 자신에게 너무 엄격한 탓인지, 조금이라도 문제가 생
기면 그때마다 눈물을 보이면서 상사에게 "그만두고 싶어요"라
고 호소했다.

어느 날, 평소대로 조합원 가정에 상품을 배달하러 갔던 직원

은 시들어가는 꽃 한 송이를 들고 돌아왔다. 상사가 뭐냐고 묻자 "늘 정성껏 배달해주어 고맙다며 한 조합원이 줬어요"라고 대답했다.

상사는 "왜 그 꽃을 주었는지 생각해봐요"라고 직원에게 말했다. 직원은 잠시 골똘히 생각하더니 갑자기 명쾌하게 이해했다는 듯 상사에게 달려와 "알았어요"라고 웃으며 대답했다. 이후 직원은 마치 다른 사람이 된 듯 당당한 태도로 일하게 되었고 두 번 다시 "그만둘게요"라는 말을 하지 않았다고 한다. 단 한 송이의 꽃이 그 직원에게 자기 존재감을 확인시켜주는 하나의 의미가 된 것이다.

이런 이야기도 있다. 현립縣立 고교의 럭비 선수였던 A 선수는 유망주로 인정받아 현縣의 강화지정선수로 뽑혔다. 강화지정선수가 되면 많은 지원을 받고 주위의 주목도 단번에 끌었다. 그는 이후 더욱 열심히 연습에 매진했다. 덕분에 그의 플레이는 아주 훌륭해졌고 지역 럭비계에서도 눈여겨보는 선수로 성장했다.

그런데 알고 보니 강화지정선수 선발 과정에 오류가 있었다는 사실이 뒤늦게 밝혀졌다. 실력으로 봤을 때 A 선수가 아니라 B 선수가 선발되었어야 했던 것이다. 그러나 그 사실이 밝혀졌을 때는 이미 A 선수가 B 선수를 크게 앞서 있었다. 인정받았다는 사실이 자신감과 격려가 되어 선수로서 성장하게끔 한 상징적인 사례다.

이처럼 인정받거나 칭찬받음으로써 의욕이 샘솟거나 성장했다는 에피소드는 얼마든지 있다. 다만 엄밀히 말하면 인정받았기 때문에 성장했는지, 성장했기 때문에 인정받았는지는 분명치 않다.

인정의 효과를 객관적으로 증명하는 증거를 찾아봤지만, 유감스럽게도 일본 내에서는 물론 해외에서도 극히 적은 게 현실이었다. 그래서 나는 2008년부터 12년 가까이 여러 기업과 관공서, 병원, 중·고등학교, 유치원 등에서 실제로 인정받거나 칭찬받으면 어떤 효과가 나타나는지를 명확하게 하는 실증 연구를 실시했다.

먼저 일정 기간 동안 상사에게 부하를, 교사에게 학생이나 유치원생을, 부모에게 자녀를 의식적으로 인정하거나 칭찬하게 했다. 그러고는 인정받은 사람과 인정받지 못한 사람 혹은 전과 똑같이 대우받은 사람 사이에 어떤 차이가 발생하는지를 의식조사 결과와 객관적인 성장 지표로 비교해 통계적으로 분석했다.

엄밀히 말해 칭찬과 인정은 그 단어의 의미가 서로 미묘하게 다르다. 일반적으로 칭찬은 상사가 부하에게, 교사가 학생에게처럼 위에서 아래로 혹은 대등한 관계에서 이루어진다. 인정은 상하 관계와 무관하게 아랫사람이 윗사람을 인정할 수도 있다.

또 칭찬에는 약간의 과장과 감정이 포함된 경우가 많다. 한편 인정에는 과장이나 감정이 들어가지 않을 뿐 아니라 언어가 개입되지 않을 수도 있다. 이를테면 어려운 일을 맡긴다는 것은 말로 설명하지 않더라도 상대의 실력을 인정했기 때문에 가능한 일이다.

다만 이 책에서는 그런 차이를 반드시 혹은 명확하게 구별하지 않고 문맥에 따라 사용하므로 미리 양해를 구해둔다.

| 어른이나 아이나 인정이 필요하다 |

동기부여, 다른 말로 의욕은 크게 두 종류로 나뉜다. 하나는 돈이나 물건, 직책 등 밖에서 주어지는 대가에 따라 발생하는 것으로 외발적 동기부여라고 한다. 두 번째는 그 자체로 즐거움을 느끼거나 도전 정신을 가질 수 있는 일을 통해 생기는 것으로 내발적 동기부여라고 부른다.[2]

한 공익기업에서 실시한 연구 프로젝트에서는 상사에게 인정을 받은 사람은 인정받지 못한 사람에 비해 내발적 동기부여가 높아지는 것으로 드러났다. 당연한 말처럼 생각되겠지만 실제로도 상사에게 인정받거나 칭찬받으면 기분이 좋아진다. 또 자신이

하는 일이 긍정되면 일에 더 몰두할 수밖에 없다.

내발적 동기부여가 오르는 것은 물론 성인만이 아니다. 유치원
에서 실시한 어느 연구 프로젝트에서는 교사가 의식적으로 칭찬
한 반에서는 원아들이 더욱 즐겁게 연극 연습에 참여했고, 다섯
살 아이가 손짓과 몸짓에다 말투까지 더해 적극적으로 연기했다
는 보고가 있었다.

칭찬받으면 즐거워지는 것은 성인이나 아이나 마찬가지인 것
이다.

| '하면 할 수 있다'라는 자신감 |

자기효능감이란 환경을 효과적으로 지배하고 있다는 감각으
로, 쉽게 말해 '하면 할 수 있다'라는 자신감을 뜻한다.[3]

일에서든 공부에서든, 긍정적으로 대응할지 혹은 높은 목표를
세우고 도전할지는 이 자기효능감이 크게 좌우한다. 자기효능감
은 자존감과 깊은 관련이 있는데, 자존감이 높은 아이는 정서가
안정되어 있고 책임감이 있으며 사회 적응력이 높아 성적도 좋다
고 지적되고 있다.[4]

인간에게 그만큼 중요한 요소임에도 불구하고 일본인은 아이

부터 어른까지 자기효능감이나 자존감, 혹은 비슷한 의미를 지닌 자기긍정감도 낮은 편이다.

도쿄, 상하이, 서울, 런던, 뉴욕의 초등학교 5학년생을 대상으로 한 의식조사에 따르면 자신이 '공부를 잘한다', '정직하다', '친절하다'라고 답한 비율이 도쿄의 아이가 끝에서 두 번째였다. 또 '어떤 어른이 될 것 같은가?'라는 질문에는 '모두가 좋아하는 사람이 될 것이다', '좋은 부모가 될 것이다', '유명한 사람', '부자', '일로 성공할 것이다', '행복한 가정을 만들 것이다'와 같은 모든 항목에서 긍정한 아이의 비율이 5개 도시 가운데 도쿄의 아이가 가장 낮았다.[5]

10세 아이와 중학생, 대학생을 대상으로 한 미국과 일본 비교 조사에서도 일본인은 자기평가가 낮은 것으로 나타났다.[6] 또 일본, 유럽, 미국 등 총 7개국의 13~29세 젊은이를 대상으로 한 조사에서 '나는 내게 만족한다', '내게 장점이 있다고 느낀다', '내 생각을 분명하게 상대에게 전할 수 있다'라고 대답한 비율 역시 일본이 가장 낮았다.[7]

이외에도 다양한 연령층과 직종을 대상으로 한 수많은 조사에서 일본인의 자기효능감과 자존감, 자기긍정감이 낮다는 사실이 밝혀졌다. 일본인은 다른 나라 사람보다 자기 능력에 자신이 없고 스스로 인정하지도 못하는 것이다. 자기효능감을 높이는 데는 주위의 인정이 영향을 미친다는 점도 명백하다.

자기효능감, 즉 '하면 할 수 있다'라는 자신감을 일으키는 최대 요인은 성공 경험이다. 실제로 해보고 성공하면 자신감이 쌓인다. 하지만 성공을 거듭해도 스스로 그 가치를 모를 때도 있다. 그럴 때 다른 사람이 "굉장해!", "잘하네!"라고 칭찬하거나 전과 비교해 얼마나 성장했는지를 알려주면 성취의 가치를 실감하고 자신감을 얻게 되는 것이다. 그것이 새로운 의욕을 만들고 또 불안을 줄이는 것으로도 이어진다. 주위의 인정이라는 피드백이 필요한 이유다.

| 최선을 다하면 회사가 알아주리라는 믿음 |

최근 들어 일하는 사람의 만족도가 더욱 중요해지고 있다. 직원의 만족도가 일에 대한 의욕이나 이직 여부와 직결될 뿐 아니라 고객 만족도에도 영향을 준다고 여겨지기 때문이다.

그런데 일본인의 일과 직장에 대한 만족도는 그리 높지 않다. 특히 처우와 그 기준이 되는 인사 평가 결과의 만족도가 낮은 게 현실이다.

20대부터 50대 정규직 사원을 대상으로 한 조사에 따르면, 인사 평가에 불만족(불만족과 다소 불만족의 합)한다는 대답이 33.7 퍼센트로, 만족(만족과 다소 만족의 합)의 23퍼센트를 웃돌았다. 불만족하는 이유로는 '평가 기준이 불명확'이라는 대답이 67퍼센트(복수 답변)로 두드러진다.[8]

평가 기준이 불명확한 것은 제도의 문제다. 평가의 피드백이 그때그때 이루어진다면 불만은 줄어들 것이다. 평가의 역할을 하는 게 바로 인정이다. 적어도 자신의 어디가, 얼마나 뛰어난지, 그리고 그게 제대로 평가되고 있는지를 알 수 있기 때문이다.

연구 결과에서도 업종이나 직종을 뛰어넘어 인정이 평가와 처우에 대한 만족도를 높이는 효과가 있음이 확인되었다. 자기 임무를 다하고 조직을 위해 공헌하면 상사나 주위 사람은 반드시 알아주리라는 신뢰감, 안도감을 얻기 때문이다. 그러한 믿음이 기반된다면 어떤 이유로 승진하거나 진급하지 못하더라도 그 결과를 순순히 받아들이기도 한다.

업무 현장에서도 연구 결과에 부합하는 이야기가 들려온다. 대형 슈퍼마켓에서는 같은 매장에서 비슷한 월급을 받아도 물류 센터에서 상품을 포장하는 사람보다 점포에서 판매하는 사람들이 대우에 대한 불만이 훨씬 적다고 한다. 근무하는 동안 손님과의 커뮤니케이션 속에서 "감사합니다", "수고 많으세요"와 같은 말을 통해 일상적으로 자주 인정을 받기 때문이다.

| 공부에 대한 불안을 높이는 인정 욕구 |

흥미진진한 점은 고등학생을 대상으로 한 연구에서 인정이 공부에 대한 관심과 불안을 높인다는 사실이 밝혀진 것이다. 평가기준에는 '시간을 잊고 공부에 집중한 적이 있다', '공부하면 자신의 능력이 더 성장할 것이다'라는 항목 외에 '진학이나 취직 시험보는 게 불안하다', '공부할 때나 일상생활을 할 때 초조했던 적이 있다'라는 항목도 포함되어 있다.

학교에서 교사에게 인정받거나 칭찬받으면 공부에 대한 관심이 높아지고 자신도 생겨 '열심히 해보자'라는 마음이 든다. 그러나 다른 한편으로는 관심이 너무 강해진 나머지 잘되지 않았을 것을 우려한 불안과 초조함도 동반한다는 사실을 알려준다.

이 책의 핵심 주제이자 자세히 설명할 인정 욕구의 어두운 면이 이 조사 결과에서도 파악된다.

| 채근하는 것보다 인정하는 것이 우선 |

인정받으면 일에서든 공부에서든 내발적 동기부여에 따른 의욕이 높아진다. '하면 할 수 있다'라는 자신이 생겨 도전하고자 하는 의욕도 높아진다. 그것은 당연히 실적이나 성적 향상으로 이어진다.

대형 보험사의 영업 담당자를 대상으로 실시한 연구에서도 그 점이 분명히 드러난다. 영업 담당자가 속한 38개 부서를 A와 B, 두 그룹으로 나누고 A그룹에 해당하는 부서에는 관리자에게 부하를 적극적으로 인정하거나 칭찬하게 하고, B그룹에 해당하는 부서에는 전과 마찬가지로 특별한 일은 시키지 않았다.

마침 연구를 진행한 3개월은 판매 촉진 기간이었다. 그 때문인지 두 그룹 모두 실적이 좋았는데 인정받은 그룹 쪽이 전과 같은 대우를 받은 쪽보다 눈에 띄게 좋아졌다. 단순히 실적을 올리라고 채근하는 것보다 인정하거나 칭찬을 하는 게 실적 향상에 효과가 있음을 보여준다.

인정으로 실적이 오르는 이유는 동기부여와 도전 의욕이 높아질뿐더러 합리적인 일 처리 방식을 익히기 때문이라고 생각할 수 있다. 성과로 이어지는 방법을 지속적으로 찾고 그 결과로 인정받거나 칭찬받으면 이후에도 같은 방법을 취하기 때문이다.

물론 인정이 실적을 올리는 효과가 일에만 국한되지 않는다.

재활 훈련을 하는 환자에게 칭찬이 어떤 효과를 가져오는지 분명하게 밝히기 위해 미국, 일본, 독일 등 7개국에서 공동 연구를 실시했다. 그 결과 걷기 재활 훈련을 받은 후 제대로 칭찬받은 환

자는 칭찬받지 않은 환자보다 걷는 속도가 25퍼센트 이상 빨라지는 효과를 거뒀다.[9]

미에현에 있는 난부자동차운전학원은 아낌없이 칭찬하는 학원으로 알려져 있는데 칭찬 교육을 시작하고 졸업한 수강생들의 사고율이 절반 아래로 줄었으며 운전면허 합격률도 2014년부터 3년 동안 4.5퍼센트 늘었다고 한다.[10]

| 출근을 하려면 우울해진다 |

인정에는 이직을 억제하는 효과가 있다. 해외에서 실시한 한 조사에서는 직원이 밝힌 퇴직 이유 1위가 '칭찬하거나 인정하는 말이 부족하다'였다.[11]

간호사를 대상으로 한 연구 프로젝트에서도 인정에는 이직을 억제하는 효과가 있음을 알려주는 결과를 얻었다. 인정받은 사람들은 인정받지 못한 사람과 비교해 '출근하려면 우울해진다', '가끔 일을 그만두고 싶을 때가 있다'라고 대답한 비율이 유의미하게 낮았다.

간호사는 이직률이 높은 편이라 병원에서는 간호사의 이직을 막는 게 큰 과제가 되었다. 실제로 간호사를 칭찬하도록 하거나 표창 제도를 도입하는 병원이 늘어나고 있다. 연구 결과는 그런 대응에 효과가 있음을 시사한다.

한편 유치원에서는 최근 업무를 제대로 볼 수 없을 만큼 불필요한 요구 사항과 과도한 불만을 제기하는 '극성 학부모'가 부쩍 늘어나고 있다. 비난의 화살 끝에 서 있는 선생님 대다수는 이제 갓 스무 살을 넘긴 젊은 여성들이다. 그들 중에는 보호자의 심한 폭언을 견디지 못하고 그만두는 사람도 적지 않다.

한 사립 유치원에서는 매년 두 자릿수에 달하는 교사들이 그만두는 비상사태에 빠졌다. 원장은 철저하게 직원들을 인정해주기로 했다. "당신들이 하는 일은 정당하니 자신감을 가지세요"라는 말로. "이런 어려움 속에서도 최선을 다해주니 정말 고마워요"라는 감사의 말도 덧붙였다. 그러자 놀랍게도 점차 이직자가 줄어들었다.

| 자존감을 높여주는 인정의 힘 |

회사에서는 조직에 대한 공동체 의식과 기여하고자 하는 의욕이 높아졌고 회사를 위해 쓸모 있는 사람이 되겠다는 감각도 강해졌다. 유치원생의 경우에는 자신에게 '잘하는 게 있다'라는 자각을 가지게 되어 표정부터 밝아지는 효과도 얻었다.

　이러한 연구들은 인정에 다음과 같은 효과가 있음을 시사한다.

　우선 인정받아 자기효능감이 높아지면 자연스럽게 우울증이나 번아웃이 억제될 가능성이 있다. 실제로 자기효능감이 높은 사람은 낮은 사람보다 스트레스가 적어, 우울하거나 불안한 상태에 놓이는 일이 드문 편이다.[12]

　또 인정에는 최근 사회문제가 된 기업이나 관공서의 조직적 비리를 억제하는 효과도 있다. 오카모토 고이치와 이마노 히로유키의 연구에 따르면 직업적 자존감이 높은 사람일수록 조직적이거나 개인적인 일탈을 하지 않는 경향이 있다.[13] 자긍심과 자존심이 부정을 허락하지 않기 때문이다. 그러한 직업적 자존감은 인정으로 높일 수 있다.

　그러니까 쉽게 말해, 인정받으면 자신감과 자긍심이 높아지고 그것이 정신 건강과 부정 억제에 좋은 영향을 주는 것이다. 다만 인정과 부정의 관계에는 그렇게 단순하게만 설명하기 어려운 부분이 있어서 차차 더 자세히 살펴보려 한다.

　인정은 인정받는 당사자에게뿐만 아니라 인간관계나 직장의 분위기, 더 나아가 손님과의 관계 등에도 좋은 영향을 미친다.

　동료끼리 서로 칭찬하는 분위기의 직장 혹은 손님에게 받은 감사의 말이나 서비스 평가를 스태프에게 전해주는 매장에는 그 점을 뒷받침하는 사례가 많다. 그중에는 손님이 제기하는 불편 사항이 눈에 띄게 줄어든 경우도 있었다.

이렇게 보면 인정, 즉 타인을 인정하고 주위의 인정을 받는 일은 지극히 좋은 일처럼 보인다. 그러나 그것은 한쪽의 모습일 뿐 다른 한편에는 이면이 존재한다.

이렇게 말하면 바로 '칭찬하면 오만해진다'라거나 '인정받는 게 목적이 되어서 칭찬해주지 않으면 노력하지 않는다'와 같은 종류의 이야기를 떠올릴지도 모르겠다.

그러나 다음 장에서부터 설명하듯 현실에는 더 심각하고 보편적인 문제가 숨어 있다. 게다가 그것은 여기서 얘기한 인정의 긍정적인 효과와 떼어내려 해도 뗄 수 없는 관계에 있다. '빛'과 '그림자'가 붙어 있는 것과 마찬가지다.

Chapter 2

누구도 인정 욕구에서
자유로울 수 없다

| 자아실현 욕구보다 인정 욕구 |

20여 년 전부터 나는 인정 욕구를 주목하면서 연구해왔다. 다른 무엇보다 인정 욕구에 관심을 가진 이유는 연구를 시작하기 전부터 직장이나 사회에서 사람들을 관찰하며 사람들의 태도나 행동이 '인정받고 싶다'라는 의식·무의식에 얼마나 강한 영향을 받는지 실감했기 때문이다.

나는 젊었을 때 공무원으로 일한 경험이 있다. 당시 동료들을 보고 있으면 행동과 말의 70퍼센트 이상은 출세를 의식한 것처럼 느껴졌다.

그중에는 오로지 출세를 목적으로 하는 행동도 있었겠으나 주위의 칭찬을 바라는 언동도 있었다. 또 자신의 성격이 얼마나 원만한지를 인상에 남기기 위한 노림수나 상대를 끌어내리려는 의도가 환히 보이는 술수, 노골적인 아첨도 포함되어 있었다.

인정 욕구가 마음처럼 채워지지 않을 때는 선망과 질투, 나아가 고집과 체면이라는 왜곡된 형태로 드러났다. 사이가 좋았던 동기가 먼저 승진하자 대화를 완전히 단절하는 사람도 있었고, 자기도 모르게 부하 직원의 인사이동이 결정됐다는 이유만으로 승진을 필사적으로 막는 사람도 있었다.

그중에는 경쟁에서 등을 돌리고 출세나 명예에는 냉담한 듯 보이는 사람도 있었다. 그러나 그들도 직장에서만 방관하는 태도를 보였을 뿐 동네 모임을 맘대로 운영하거나 동호회에서 실컷 자기주장을 펼쳤다. 직장에 여성이 적었던 시대에는 홍일점으로 주위의 관심을 받거나 여장부로 존재감을 드러내며 만족하는 사람도 있었다.

나는 사람들은 누구나 인정 욕구에 따라 움직인다는 점을 강하게 느꼈다.

피부로 경험한 바와 지식을 바탕으로 삼아 연구자로서 다양한 기업 현장에서 사람들의 이야기를 들었다. 어디에서든 직원 대다수가 인정 욕구에 강하게 반응한다는 의견을 자주 접할 수 있었다. 특히 매슬로의 욕구 단계 이론을 아는 사람들은 "가장 높은 단계인 자아실현 욕구보다 인정 욕구에서 동기부여를 찾는 사람이 압도적으로 많다"라는 인상을 자주 드러냈다.

물론 이는 직장에만 국한된 얘기가 아니다.

일상생활에서도 인정 욕구가 얼마나 강력한지, 사람들의 행동이나 인간관계에 얼마나 지대한 영향을 미치는지 알 수 있다.

이를테면 가정에서의 부부 싸움이나 부모와 자식, 형제, 고부 갈등도 대부분 고집이나 체면, 자존심 같은 인정 욕구와 관련이 있다. 말 한마디로 상대의 존엄을 해치거나, 제삼자 앞에서 수치를 당하는 것만으로 인간관계에 금이 가는 일이 적지 않다.

실제로 철학자나 사상가 중에는 예로부터 인정 욕구의 강력한 힘을 예리하게 간파한 사람이 있다.

17세기의 철학자이자 사상가인 파스칼은 이렇게 말했다. "인간의 가장 비열한 점은 명예를 추구한다는 것이다. 하지만 이것이야말로 우월함을 드러내는 가장 큰 표시다. 인간은 아무리 많은 재산을 소유한들, 아무리 건강과 생활의 안정을 유지한들 타인에게 존경받지 못하는 한 만족하지 않기 때문이다."

철학자이자 정치학자인 토머스 홉스는 인간이 지닌 자긍심이 다툼을 일으키는 원인이라고 간파했다. 오늘도 국가와 민족, 종교 사이에서 발생하는 분쟁 대다수는 명예나 자긍심이 깊이 연관되어 있을 때가 많다.

요컨대 일상생활에서부터 국제 관계까지, 삶의 동력이 대부분 인간의 인정 욕구에 좌우되고 있다고 해도 지나치지 않다.

| 인정은 거울과 같다 |

그렇다면 인정 욕구는 왜 그토록 강력하게 작용할까.

그것은 인정 욕구가 여러 요소로 이루어진 데다가 유형무형의 다양한 대가와 이어지기 때문이다.

매슬로가 말했듯 인정 욕구는 타인에게 인정받고 싶은, 내가 가치가 있는 존재임을 인정받고 싶어 하는 욕구다. 이는 실생활에서 다양한 형태로 드러난다.

구체적으로는 '출세하고 싶다, 명예나 명성을 가지고 싶다' 같은 욕망이나, 자신의 존재를 어필하려는 자기 과시욕, 때로는 일상적으로 개성이나 능력, 노력을 인정받고 싶은 감정으로 드러난다.

인정 욕구는 존경·자존의 욕구라고도 불리듯 자기의 인정은 물론 타인의 인정과도 불가분의 관계에 있다. 아무리 자신의 가치를 인정하려고 해도 사회적 동물인 인간은 타인이나 주위로부터 인정을 받지 못하면 스스로를 인정하기 어렵다.

즉 인정은 거울과 같은 것이다. 거울을 통해야만 자신의 얼굴을 바라볼 수 있는 것과 마찬가지로 타인과 주위의 인정을 받아야 비로소 자신의 능력을 깨닫고 그것이 얼마만큼 가치가 있는지 이해할 수 있다.

나아가 타인에게 인정을 받으면 타인에 대한 발언력과 영향력도 당연히 커진다. 그러면 관계 안에서 선뜻 하고 싶은 말이나 행동을 할 수 있다. 또한 타인을 지배하려는 지배욕이나 이성에게 호감을 얻고 싶은 욕망도 어느 정도 채울 수 있다.

게다가 인정을 받으면 금전적으로 도움이 될 때도 많다. 당연히 의식주와 이어지는 생리적 욕구나 안전·안정에 대한 욕구도 충족할 수 있다. 그뿐만이 아니다. 사회적으로 인정받음으로써 자아실현, 즉 자신이 지닌 잠재력을 발휘할 수 있음을 실감하게 된다.

물론 인간에게는 이기적인 측면만이 아니라 타인과 사회를 위하려는, 타인을 즐겁게 하려는 이타적인 감정도 있다. 그러나 그역시 인정과 관계가 없지 않다.

실제로 의사나 간호사 같은 경우, 노력이 결과로 이어지지 않더라도 환자와 그 가족에게 감사 인사를 받으면 무력감이나 피로감에서 조금은 벗어날 수 있다. 자신이 상대와 사회에 도움이 된다는 점을 확인하고 보람을 실감하기 위해서라도 감사나 존경이라는 형태의 인정을 얻는 게 필요한 것이다.

이처럼 인정받으면 유형무형의 다양한 것을 얻을 수 있다. 그러므로 인간은 인정받으려고 한다. 그 점을 강조하면 애당초 인정 욕구는 어떤 '동기'이지 순수한 의미에서의 '욕구'라고는 부를 수 없다고 생각할 수도 있다. 욕구란 본래 인간의 내면에서 나오는, 이른바 본능에 가까운 성질이기 때문이다.

그러나 아직 뭔가를 얻기 위한 수단으로서의 가치를 충분히 인식하지 못하는 아이나 개, 고양이 같은 동물도 칭찬하면 좋아할 때가 있다. 동물 사진가인 이와고 미쓰아키 씨는 고양이를 칭찬하면 "고양이의 기분이 좋아진다"라고 말했다. 따라서 인정은 욕구라는 견해도 부정하기 어렵다.

Chapter 3

인정받기 위해
선을 넘는 사람들

| 뒤틀린 인정 욕구의 결과 |

이제까지 본 대로 인정은 그 자체가 욕구로써 인간에게 동기를 부여할 뿐만 아니라 인정받으면 다른 욕구까지 충족되고 유형무형의 다양한 대가를 얻을 수 있다. 요컨대 인정의 혜택은 무궁무진하다. 그만큼 인정 욕구는 강력한 힘으로 인간을 움직인다.

그러나 강력한 약은 부작용도 크기 마련이다. 인정으로 얻을 수 있는 이득이 엄청나다는 말은 그 부작용도 무궁무진함을 의미한다. 그게 얼마나 위험할까. 인정에 따르는 부작용, 인정 욕구에 병적으로 의존하는 사람들의 위험성을 살펴보려 한다.

흔히 성형외과는 외모에 콤플렉스가 있는 사람이나 더 아름다워지고 싶어 하는 사람이 찾는 곳이라고 여긴다. 하지만 실제로는 꼭 그렇지도 않다.

예상과는 달리 성형외과에 오는 사람을 보면 일반적으로 미인이라고 볼 만한 사람이 압도적으로 많다. 의사가 "시술할 필요가 없어요"라고 하는 말에 좋아하며 돌아가는 사람도 적지 않다. 많은 환자들은 성형을 하려는 목적보다 아름다움의 전문가에게 자신의 외모를 인정받으려고 일부러 병원을 찾는 것이다. 아마 돌아가서는 친구나 지인에게 그 사실을 자랑할 것이다.

주위를 둘러보면 실패담을 먼저 꺼내놓거나 결점을 드러내다가도 어느새 자랑으로 넘어가는 데 소질이 있는 사람이 있다.

"우리 아들은 초등학교 때부터 달리기만 하면 꼴등이었고 성인이 되어서도 여자 친구 하나 없으니 정말 엉터리지. 도쿄대에는 그런 애들이 많다니까"라거나 "젊었을 때는 상사에게 대들다가 견책 처분을 받거나 손님과 싸워서 경위서를 쓰기도 했거든. 정말 실패의 연속이었지. 그래도 전무까지 하고 있는 걸 보면 참 나도 어지간해"라는 말들이 그런 예다.

또 일부러 자신의 지위나 경력을 숨기고 상대를 마음속으로 비웃거나, 그 사실이 공개되었을 때 상대의 반응을 즐기면서 자신이 다른 사람들의 머리 꼭대기에 있다는 느낌을 받고 싶어 하는 사람도 있다.

누구나 능력, 실적, 외모, 학력, 사회적 지위 등 자신이 자랑으로 생각하는 부분을 인정받고 싶어 한다. 그중에는 솔직하게 자랑하는 사람도 있다. 그러나 위의 예처럼 인정받기 위해 머리를 굴리면 살짝 병적인 분위기가 느껴지기 마련이다.

솔직히 드러내면 빈축을 산다는 걸 알기에 일부러 돌아가는 전략을 취해 인정받으려고 한다. 그만큼 다른 사람에게 인정을 받겠다는 집착이 강한 것이다.

그래도 다른 사람에게 피해를 주거나 범죄에 가담하는 게 아니니까 사회적으로는 일단 정상적인 범주 안에 들어간다. 그런데 그 범주 안에서 인정 욕구를 채우지 못하면 선을 넘을 때가 있다.

이를테면 SNS에서 주목을 받기 위해 아르바이트생이 음식에 장난질하거나 일부러 위험한 행동이나 파렴치한 행위를 해 동영상 사이트에 올리는 예는 단순하고 한심한 동기를 이성이 억제하지 못했다는 점에서 그야말로 병적이라 할 수 있다.

인정 욕구에 대한 집착이 심해지면 범죄로까지 이어진다. 세상을 놀라게 하는 사건 중에는 '인정받고 싶다'라는 마음이 고스란히 드러난 사례가 적지 않다.

한신대지진이나 옴진리교 사건에서 사람들이 받은 충격이 가시기도 전인 1997년에 고베 연쇄 아동 살인사건이 발생했다. 당시 중학교 3학년이었던 범인 '사카키바라 세이토'는 범행 성명문에 이렇게 적었다. "투명한 존재로만 있는 나를, 적어도 당신들의 공상 속에서만이라도 실존하는 인간으로 인정받고 싶다."

2008년에 도쿄 아키하바라에서 대낮에 흉기를 휘둘러 7명을 살해한 '묻지 마 살인 사건' 또한 사회적으로 인정받지 못한 자신의 존재감을 과시하려는 동기가 이면에 있다. 사건이 일어난 지 10년이나 지난 지금까지도 인터넷에는 범인을 옹호하며 자신의 고독한 심경을 털어놓는 사람들이 끊이지 않고 있다.

이처럼 세상의 주목을 받고 싶고 존재감을 과시하고 싶다는 동기로 생긴 사건은 손꼽을 수 없을 정도로 많고 앞으로 벌어질 가능성도 무궁무진하다.

| 겉보기에 멀쩡한 가정의 불행 |

이러한 사건들은 매우 특수한 사례이며 그 배경에는 의심할 여

지 없이 당사자의 비정상적인 기질이 있다. 그러나 그렇다고 해서 그들과 정상적인 사람들 사이에 분명한 경계선을 그을 수 있을까?

놓쳐선 안 되는 점은 가정이나 직장, 학교에서 겉보기로는 지극히 평범하게 지내는 듯한 사람도 속으로는 인정 욕구에서 비롯한 병적 망상이나 집착이 이미 진행되고 있을지도 모른다는 점이다.

TV의 정보 프로그램에서는 연예인이나 유명인의 자녀가 일으킨 사고가 종종 다뤄져 세간의 이목을 끈다. 세상에 연예인이나 유명인이 아무리 많다고 해도 그런 소식이 너무 잦다고 여기는 사람이 적지 않을 것이다. 사건을 일으킨 당사자 입에서는 어김없이 위대한 부모의 존재가 어떤 형태로든 영향을 줬다는 말이 나온다.

부모가 너무 오냐오냐하며 키웠기 때문에 발생한 경우도 있지만, 반대로 의식적으로 엄격하게 키워서 문제를 일으킨 경우도 많다. 다양한 정보를 통해 종합적으로 살펴보면 아이에게는 '자신이 나설 무대가 없었다'라는 점이 사고를 일으키게 된 중요한 요인임을 짐작할 수 있다.

부모가 너무 대단하면 아이는 자주 부모와 비교당하므로 어지간히 노력해도 주목받지 못하고 칭찬도 받지 못한다. 세상으로부터 인정받지 못하는 건 그래도 괜찮다. 가장 견디기 힘든 것은 가정에서 존재감이 낮다는 점이다.

자식은 원래 사춘기 무렵 가족으로부터의 인정을 두고 부모와 갈등에 놓인다. 아들은 어머니에게, 딸은 아버지에게 인정받으려고 한다. 그런데 라이벌인 아버지와 어머니의 존재감이 너무 크다면 아무리 노력해도 그들을 이길 수가 없다. 졸업 후 사회에 나가 돈을 벌어도 가족에게는 그다지 큰일이 아니므로 경제적으로 기여할 길도 없다. 그중에는 자기 자식에게 "아버지가 많이 벌 테니까 너는 돈 걱정하지 말아라"라고 말하는 부모도 있다. 자식을 위해서 하는 소리지만 위대한 부모를 둔 아이에게는 여러모로 인정받을 기회가 부족한 것이다.

정당한 방법으로는 아무리 노력해도 인정받지 못한다면 기이한 행동을 하거나 나쁜 짓을 해서라도 주위의 관심을 끌어 존재감을 드러내는 수밖에 없다. 혼나는 게 무시당하는 것보다는 낫기 때문이다.

하지만 진짜 고민은 좀 더 깊은 곳에 있다. 혼을 내든 미간을 찌푸리든 주위가 반응하지 않으면 자기 자신을 알 도리가 없다는 것이다. 성장 과정에 있는 청소년에게 자신을 모른 채 살아가는 것만큼 불안한 일은 없다. 자신의 존재감을 느끼기 위해 때로는 비행을 선택하는 것이다.

매년 이어지는 성인식 소동이나 SNS에서 문제 행동을 일으키는 젊은이들도 대부분 평소에는 아주 평범하게 생활하는 사람들이다. 숨겨진 인정 욕구, 무엇보다 자신이 누구인지 확인하고 싶다는 소박한 욕구가 그들을 반사회적인 행동으로 내달리게 하는 것이다.

| 본능적으로 인정에 집착한다 |

이런 이유로 젊은이들은 종종 반사회적 행동으로 치닫는다. 때로는 인정받기 위해 자신의 목숨을 위험하게 하는 일도 저지른다. 그것을 증명하는 다음과 같은 실험이 이루어졌다.

발달심리학자인 로렌스 스타인버그는 비디오 게임을 이용해 친구가 같이 있을 때와 없을 때 운전에 어떤 차이가 생기는지 실험했다. 그 결과 10대들은 혼자 있을 때는 성인처럼 차분하게 운전하다가 또래 친구가 보면 두 배의 위험을 감수했다. 참고로 성인은 친구가 봐도 변화가 없었다고 한다.[14]

일본에서도 10대 청소년이 무모하게 저지르는 교통사고가 끊임없이 일어나고 있는데 사고 대부분은 혼자가 아니라 또래 친구들이 같이 탔을 때 일어났다. 아마 동승자 역시 인정받으려는 심리가 어떤 형태로든 작용해 폭주를 말리려고 하지 않았으리라.

어쨌든 '친구에게 인정받고 싶다'라는 욕구가 위험한 운전을 부추기는 큰 요인인 것이다.

스타인버그는 젊은이가 이렇게 위험 부담이 큰 행동을 하는 이유는 그것이 인류 발전에 도움이 되었기 때문이라고 해석한다. 젊은이들은 생의 다음 단계에서 더 안전하지 않은 환경으로 들어가도록 요구되고, 위험이 큰 어른들 사회에 미리 적응하기 위해 그런 행동을 한다는 것이다. 대담한 해석이지만, 생물학적으로 생각하면 맞는 말에 가깝다.

만약 그렇다면 종의 보존이라는 의미에서는 동성보다 이성에게 인정을 받는 게 젊은이에게는 더욱 중요할 것이다.

종종 관찰되는 예로, 남성은 자신의 용감함을 여성에게 보여주기 위해 이따금 무모한 행동을 하기도 한다. 특히 자신의 연인 앞에서 약한 모습을 보이지 않으려고 제때 물러서지 못해 폭력 사건 같은 문제에 휘말리는 사례도 있다. 당연히 여성도 남성에게 인정을 얻기 위해 다양한 행동을 시도해본다.

| 인정 욕구는 통제가 필요하다 |

반사회성이라는 부분은 제쳐두고 순수한 개인에게 초점을 맞추면 여기에서 제시하는 '병'의 심각성은 조금 가벼워지지 않을까. 그 이유는 다음과 같다.

인정받고 주목받기 위한 기이한 행동이나 문제 행동은 사회적으로 유해할 때도 있지만, 자기 의지로 하는 것이다. 적어도 개인적으로는 인정 욕구를 스스로 어느 정도 통제한다는 뜻이다. 대책도 비교적 간단하다. 단적으로 인정받을 기회가 더 늘어나면 그만이다.

스스로 인정 욕구를 통제하지 못할 때가 바로 문제다. 처음에는 가능했는데 어느새 통제할 수 없는 상황에 이르거나, 인정 욕구와는 거리가 멀다고 생각했던 사람이 실은 남몰래 인정 욕구로 고민하는 일이 있다.

모두 인정 욕구에 따른 강박 혹은 인정 욕구에 집착하는 상태다. 스스로 통제할 수 없다는 점에서 더욱 위험하고 의식하지 못하는 만큼 누구나 그런 상태에 빠지기 쉽다. 병으로 예를 들자면 암이나 동맥경화가 조용히 진행되는 것과 마찬가지다. 따라서 증상 치료가 아니라 근본적인 치료가 필요하다.

2/ 모두에게
인정받을 수는 없다

Chapter 4

'인정받고 싶다'라는 욕구가
'인정받아야 돼'라는 압박으로

| 인정 욕구라는 보이지 않는 감옥 |

인정 욕구는 인간에게 가장 강력한 욕구다. 사람은 인정받음으로써 인정 욕구를 채울 뿐만 아니라 감자 넝쿨처럼 유형무형의 대가를 얻기도 하면서 관련된 다양한 욕구를 충족한다. 또 인정 욕구로 말미암아 존경이나 신뢰라는 호의적인 인간관계도 구축할 수 있다.

반면 인정 욕구 때문에 얻어낸 대가와 쌓아 올린 인간관계에 집착하기도 한다. 그로부터 쉽게 벗어나기는 어렵다. 바로 그게 인정을 받아야 한다는 기대와 압박에서 오는 강박이다.

인생을 살면서 인정 욕구의 강박에 빠질 상황은 수없이 많다. 분명하게 보이는 명예욕이나 자기 과시욕과 달리 아주 평범한 사람도 무의식적으로 품을 수 있는 '인정받고 싶다'라는 생각은 순식간에 스스로를 옥죄고 정신을 차려보면 이미 보이지 않는 감옥에 갇히고 난 다음일 때가 대부분이다. 나는 아니라고 생각할지 모르겠으나 자기도 모르는 사이에 심각한 상태에 이르는 사례도 적지 않다.

| 인정받은 직원이 계속 퇴사하는 이유 |

간호사 인력난이 갈수록 심각해지고 있다. 결원이 생겨도 좀처럼 새로운 사람을 찾기 어려운 데다 힘들게 채용해도 오래 근무하지 못하는 경우가 많다. 특히 연차가 낮은 간호사와 아이를 양육해야 하는 간호사를 어떻게 계속 근무시킬지가 큰 과제다.

그에 대한 대책으로 처우나 자녀 양육 환경 개선과 함께 최근 주목받고 있는 것이 '인정'이다. 업무 과정과 결과에서 적극적으로 칭찬하는 대응뿐만 아니라 직원에게 표창을 수여하는 제도를 신설하는 곳도 늘어나고 있다.

어느 병원에서는 해마다 가장 모범적인 직원을 선발해 최우수 직원으로 표창했다. 수상자에게 상당히 많은 액수의 상금도 주었다.

그런데 무슨 이유에서인지 수상자 중 다수가 수상하고 얼마 지나지 않아 병원을 그만두었다고 한다. 계속 잘 일해달라는 뜻에서 표창 제도를 신설했는데 정반대 효과가 나고 만 것이다.

이 소식을 듣고 나는 원인으로 세 가지 가능성을 생각했다.

첫째는 표창을 받을 정도로 자신이 시장가치가 있다고 생각해서 대우가 좋은 곳으로 이직했을 가능성이다. 그러나 드러난 정보로 판단해보면 그 가능성은 낮은 편이다.

둘째는 주위의 시샘을 견디지 못한 게 아닐까 하는 가설이다. 일부에서는 "최우수 직원이니까 이 정도는 해야지"라는 말을 들었다는 얘기도 있었다. 그러나 수상자 대부분은 우수하고 근면해서 그런 험담을 들은 사람은 오히려 예외적이었다.

그럼 생각할 수 있는 것이 세 번째 가능성이다. 바로 '기대에 부응해야만 한다'라는 부담감에 압도당하는 경우. 자신에게 표창 수여를 결정한 사람들은 물론 함께 근무하는 직원들을 실망시키기 않기 위해 더욱 노력하면서도 동시에 이미 더는 일하기 어려울 만큼 큰 부담을 느꼈을 수 있다. '기대에 부응해야 한다'라는 부담감은 생각보다 너무나도 사소한 순간에, 우리가 흔하게 경험하는 일상 속에서 생겨난다.

| 누구나 당할 수 있는 칭찬 사기 |

신문에 끼여 온 광고지를 보고 할인하는 양복을 사러 백화점에 간다. 할인 판매 코너에서 저렴한 양복을 입어보고 있는데 점원이 다가와 이런저런 조언을 해준다. 잡담을 나누다가 점점 허물이 없어져 기어이 "살짝 그럴듯한 파티에서 입으려고 해요"라거나 "신입일 때는 싸구려 양복을 입어도 괜찮았는데"라는 괜한 말을 하고 만다.

점원은 그 말을 놓칠세라 "지위가 있는 분이니까"라거나 "품격이 있으시니까……"라고 추켜세워주며 더 고급 양복을 권한다. 결국은 기분이 좋아져 예산을 크게 웃도는 양복을 사고 만다. 게다가 점원이 친절하게 대해주니 결국 엉겁결에 고가의 와이셔츠와 넥타이까지 세트로 사는 지경에 이른다.

이와 같은 상황을 '칭찬 사기'라고 표현하려 한다. 뭔가 잘한다고 괜찮다고 호응해주면 그 말이 맞을 거라고 믿는 것. 칭찬 사기 역시 남에게 더 잘 보이고 싶다는 소소한 인정 욕구에 쉽게 휘말린 탓이다.

다음과 비슷한 경험을 한 사람도 분명 있을 것이다.

'학부모회 임원 같은 건 절대 맡지 않겠어.' 속으로 다짐하고 마지못해 학부모회 총회에 참석한다. 모임이 시작되고 드디어 회장을 선출하는 순서가 되자 예상한 대로 모두가 고개를 숙이고 자기가 호명되지 않기를 기도한다. 그때 갑자기 누군가 자신을 가리키며 "인망이 두터운 ○○씨를 꼭 추천하고 싶다"라고 발언한다. 그러자 여기저기서 찬성하는 소리가 나온다. 절대로 맡지 않겠다던 결심은 흔들리고 '뭐, 해도 괜찮지 않을까?' 하는 기분이 든다. 결국은 처음에 했던 다짐은 어딘가로 사라지고 가장 힘든 회장직을 맡아버리고 만다.

회장이 되자 주위 사람들이 "회장님", "회장님"이라며 추켜세우고 든든하게 생각한다. 그게 기분 좋기도 하고 보람도 상당하다. 하지만 문득 정신을 차려보니 일도 가정도 뒤로 미룬 채 학교 일에만 정신을 팔고 있는 경우도 흔한 일이다.

반대 사례도 있다. 어느 날 영화관 매표소에서 초로의 신사가 차분한 표정으로 직원에게 표를 주문했다. 직원은 응대 매뉴얼대로 "60세 이상인 분은 시니어 할인을 이용할 수 있는데……"라고 안내했다. 그러자 남성은 갑자기 낯빛이 험악해지더니 "쓸데없는 소리 하지 마!"라고 호통을 쳤다는 것이다. 옆에서 이야기를 듣던 지인은 너무 웃겨 웃음을 터뜨릴 뻔했다고 한다. 남성은 '젊어 보이고 싶다'는 무의식으로 인해 아주 사소한 데에서 인정 욕구를 발동시켰고, 제대로 충족되지 않아 느낀 무안함을 순식간에 분노로 표출해버린 것이다.

한편 늘 인정받기를 바라던 사람이 마침내 인정을 받고 나서는 인정받은 탓에 괴로워하는 일도 있다.

어느 50대 여성은 중년에 접어든 후 '젊게 보이고 싶다'라는 마음을 절실하게 품기 시작했다. 젊음을 유지하려고 열심히 피부관리실과 체육관을 오가고 머리 스타일과 옷도 실제 나이보다 열 살에서 스무 살 정도 젊어 보이게끔 꾸몄다. 노력이 결실을 이뤘는지 새로 이사한 곳에서 만난 이웃들이 그녀를 보고서는 "40대인 줄 알았어요"라고 감탄하며 마흔 언저리로 짐작했다.

하지만 원하는 것을 마침내 얻었다는 기쁨은 잠시였다. 점차 '진짜 나이를 알면 사람들이 환멸을 느끼지 않을까?' 하는 불안에 사로잡히기 시작한 것이다. 시간이 지날수록 사람 만나는 일 자체가 두려워졌다. 결국 그녀는 집에 틀어박혀 밖으로 나올 수가 없었다. 스스로가 만든 감옥에 갇힌 채,

| 관종? 관종! |

우리가 이용하고 있는 트위터나 페이스북, 인스타그램 같은 SNS도 가벼운 마음으로 시작했으나 점점 '좋아요'를 많이 받을 수 있을 만한 게시물을 올려야 한다는 압박감을 느끼는 일이 많다.

2018년 12월에 온라인 설문 조사를 통해 "타인에게 인정받아야 한다는 생각에서 글을 쓴 적이 있나요?"라고 물었는데 SNS를 이용하는 사람 409명 중 56.4퍼센트가 "종종 있다" 또는 "가끔 있다"라고 대답했다.

참고로 "누구에게 인정받아야 한다고 생각했나요?"라는 질문에는 "친구나 지인"이라고 답한 사람이 74.7퍼센트로, "불특정 다수의 사람"이라고 대답한 34.3퍼센트보다 두 배 많았다(복수 응답 가능). SNS에서도 친근한 사람에게 인정받는 데 집착하는 양상이 두드러졌다.

| 부담과 기대를 견뎌내는 일 |

아이의 경우 어른과 확실한 상하 관계에 놓인다. 그래서 어른에게 인정받거나 칭찬받으면 거기에 더 집착하는 경우가 종종 있다.

2018년 9월, 수업을 듣던 대학교 2학년 학생들에게 "타인에게 인정받거나 사회적 평가를 받음으로써 부담감을 느꼈던 경험이 있나요?"라고 질문했다. 그러자 응답한 272명 중 3분의 1에 해당하는 89명이 "있다"라고 대답했다.

스무 살 남짓한 나이에, 아직 사회에 나가기 전임에도 불구하고 이미 이 정도의 학생이 인정 욕구의 강박을 경험하고 그것이 뇌리에 각인되어 있는 것이다.

이에 더해 구체적인 사례를 소개하려 한다. 한 학생은 고등학생과 재수생 시절을 돌아보며 다음과 같이 말했다.

저는 고등학교 2학년 때까지 동아리 활동에 빠져 친구들과 어울려 놀곤 했습니다. 그러다 3학년이 되자 이렇게 계속 살 수는 없겠다는 생각에 동아리도 그만두고 열심히 공부에 매달렸습니다. 노력이 통하긴 했는지 성적이 눈에 띄게 좋아졌고, 성적 우수자로 이름이 종종 불렸습니다. 그때마다 주위에서 "우와!"라는 소리가 나왔죠. 솔직히 이런 쾌감을 맛본 일은 그 전에도 후로도 없었습니다. 담임 선생님과 부모님, 친척들까지 저를 주목했고 "○○은 대단해!"라는 소리가 여기저기서 들려왔습니다. 한참 동안 저는 한껏 들떠 있었습니다.

그러나 대입 시험이 가까워질수록 다른 학생들도 공부에 힘을 싣기 시작했고, 아무리 노력해도 전과 같은 등수에 들지 못했습니다. 하지만 '기대에 부응해야 해……'라는 생각은 날마다 강해졌죠. 그게 점점 심리적인 부담으로 변해 매일이 고통스러웠습니다. 지금 생각해보면 고등학교 2학년 때까지 주위의 칭찬을 듣거나 주목을 받은 경험이 거의 없었기 때문에 부담감이 더했던 것 같습니다.

그리고 드디어 대학 입학시험 날이 밝았습니다. 시험을 생각만큼 잘 치지 못했고 결국 불합격을 했죠. 내심 예상한 바였으나 틀림없이 붙으리라 믿고 있던 부모님과 선생님은 시험 결과에 무척 낙담한 듯 저를 위로조차 하지 못했습니다. 저는 입시에 떨어졌다는 사실보다 주위에 실망을 안겼다는 점 때문에 더 괴로웠습니다.

어쩔 수 없이 재수를 시작했습니다. 다행인지 불행인지 입시에 떨어진 뒤로 주변 사람들은 마치 손바닥을 뒤집듯 제게 쏟았던 기대를 거두었습니다. 처음에는 그게 너무 속상하고 고통스러웠는데 곧 어깨의 짐을 내려놓은 듯 활기를 되찾았고 점점 공부 의욕도 샘솟았습니다. 기대를 모았던 시절보다 공부가 즐거웠죠. 그러자 성적도 회복되었고 원하는 대학에 합격할 수 있었습니다.

누구나 이 이야기 속 학생의 마음을 공감할 수 있을 것이다. 마치 선생님 옆에서 음악 실기 시험을 볼 때의 긴장되는 마음처럼, 누군가가 자신에게 주목하고 그 기대를 견뎌낸다는 것이 얼마나 마음처럼 쉽지 않은지를 보여주는 사례이다. 이처럼 인정 욕구에 대한 강박이 사람을 지배하게 되면 능력은 저하되고 심적으로도 불안해지게 마련이다.

| 칭찬받으면 위험하다 |

공부 이외의 경험을 말하는 학생도 많다. 한 남학생은 초등학교와 중학교를 다니는 내내 지각과 결석을 한 번도 하지 않았다. 부모는 그 사실을 주위에도 자랑하고 다녔다. 그런데 점차 남학생은 그런 기대가 너무 부담되기 시작했다. 고등학교에 들어가자 더욱 학교에 가기 싫어졌다.

어느 날은 기어이 학교를 빼먹고 공원에서 어슬렁거리며 시간을 보냈다. 그 일을 부모님이 알았지만 혼을 내지는 않았다. 그런데도 남학생은 하루이틀 학교에 가지 않게 되었고 결석이 잦아져 졸업조차 위험한 상황에 이르렀다.

또 다른 여학생은 지역 기록을 번번이 갈아치우며 대회에서 연거푸 우승한 수영 선수였다. 뛰어난 만큼 코치의 기대도 높아졌고 우승 목표도 점점 높아졌다. 그러나 갈수록 자신보다는 코치를 만족시키기 위해서 노력하는 게 아닐까 하는 생각이 들자 수

영하는 즐거움이 사라지더니 경기 성적도 곤두박질쳤다.

어릴 때는 그림을 잘 그렸는데 선생님에게 칭찬받다 보니 어느새 조금씩 칭찬을 의식해 개성이 사라졌다거나, 공부로 늘 칭찬받다 보니 지시만 기다리는 사람이 되었다는 이야기도 심심찮게 들을 수 있었다.

동아리 회장이나 학생회 임원으로 뽑혀 리더답게 행동해야만 하는 데 큰 부담감을 느낀다는 학생도 생각보다 많다. 때로는 그것이 돌이킬 수 없는 비극으로 이어진다. 한 학생의 친구는 고등학교 때 학생회장으로 뽑힐 정도로 주위의 인망이 두터웠고 교사와 친구 들이 든직하게 여겼다. 그러나 친구에게는 내심 그게 큰 짐이 되었고 그런 마음을 학생에게 털어놓았기도 했다고 한다. 그런데 그 친구가 어느 날 갑자기 스스로 목숨을 끊은 것이다. 학생은 친구가 그 정도로 괴로웠던 걸 알았으면 더 도와줄 걸 그랬다며 후회했다. 판에 박은 듯 이와 비슷한 사례는 차고도 넘친다.

최근 교육 현장에서 아이들의 낮은 자기긍정감과 자존감이 대두되며 전보다 아이들을 칭찬하며 교육하자는 분위기가 조성되고 있다. 그러나 효과가 있는 만큼 부작용도 따른다. 일반적으로 칭찬은 좋은 것이고 질책은 나쁘다고 얘기하지만, 받아들이는 사람에 따라서는 질책보다 칭찬이 위험할 수도 있다. 혼이 나면 반발할 수 있으나 칭찬받으면 사실 여부와 상관없이 부정하기가 어렵기 때문이다.

| 인정 욕구의 강박을 일으키는 인지된 기대 |

지금까지의 사례에서 보듯 주위의 기대는 인정 욕구에 대한 강박을 일으키는 주요한 요인이 된다. 다만 정확히 말하면 본인이 그 기대를 얼마나 의식하는지가 문제지 실제로 얼마나 기대를 받는지는 문제가 되지 않는다. 따라서 이제부터는 그것을 '인지된 기대'라고 부르기로 하자.

아무리 인지된 기대가 커도 쉽게 기대에 부응한다면 문제는 전혀 없다. 강박에 빠지냐 아니냐는 본인이 그 기대에 얼마나 부담감을 느끼느냐에 달려 있다. 인지된 기대에서 받는 부담감이 바로 인정 욕구에 대한 강박의 정체라고 할 수 있다.

수백 번에 달하는 집도 경험으로 수술을 희망하는 환자가 전국에서 모여드는 유능한 외과 의사의 인터뷰에서 다음과 같은 이야기를 들었다. 젊을 때는 아무렇지도 않았는데 점점 수술할 때 긴장이 된다고. 그래서 한때는 신경안정제를 복용하지 않으면 메스를 잡은 손의 떨림이 멈추지 않았다고.

경험이 풍부한 TV 아나운서나 사회자에게서도 어느 날 갑자기 긴장해 말할 수 없게 되었다거나 스트레스 때문에 정신적으로 문제가 생겼다는 경험담을 듣기도 했다.

외과 의사도, 아나운서나 사회자도 실적을 쌓고 뛰어난 업무 능력을 보여줌에 따라 세상의 평판이 점점 올라갔을 것이다. 동시에 다음에도 이 정도는 해주리라는 기대치도 높아진다. 그렇기에 만약 여기서 실패하면 어렵게 얻은 평판이 단숨에 땅에 떨어질 것이라는 걸 알고 있다. 본인이 그러한 위험을 제대로 받아들이지 못할 때 엄청난 부담감이 덮쳐온다.

분명 경험이 쌓이면 같은 일이라도 수월하게 할 수 있고 자신감도 생긴다. 그러나 그것을 뛰어넘는 주위의 기대(인지된 기대)가 커질수록 오히려 스트레스가 심해지는 것이다.

| 몸부림을 칠수록 더욱 빠져드는 개미지옥 |

남들이 보면 혼자 멋대로 기대의 무게를 짊어진 것이니 신경 쓰지 않으면 그만이라고 생각할지 모른다. 그러나 성가시게도 신경 쓰지 않으려고 노력하다 보면 오히려 의식이 거기에 더 집중되어 더욱 중요해지고 만다.

명저 『밤과 안개』의 저자이자 정신과 의사인 빅터 프랭클은 인간 존재의 의미를 추구하는 로고테라피Logotherapie(의미요법)를 역설하며 이렇게 말했다. "공포증과 강박 신경증의 증상 중 불안과 강박 관념은 환자가 그로부터 도망치려고 하기보다 그것과 싸우려고 할 때 더욱 증가한다."[15]

이 같은 현상을 '정신상호작용'이라고 명명한 사람이 모리타 요법으로 알려진 의학자 모리타 마사타케이다. 모리타에 따르면 원래 신경증에 따른 불안과 갈등은 정상적인 사람에게도 생기는 심리 상태로, 자신에게 나쁜 영향을 미치는 약점을 제거하려고 노력할수록 그 뜻에 반해 자신에게 좋지 않은 신경증 증상이 나오고 만다.[16]

요컨대 '기대를 저버리면 안 된다'라는 의식이 마음속 어딘가에 있는 한 그 불안을 제거하려면 할수록 마치 개미지옥처럼 불안의 구렁텅이에 빠지는 것이다. 그럴 때 불안을 제거해주려는 주위의 노력은 오히려 본인을 궁지로 몬다.

가령 자식이 대학 입학시험을 치를 때 부모는 자신감을 주려고 "틀림없이 잘될 거야"라고 말한다. 그런데 그런 말을 듣는다고 없던 자신감이 생기는 건 아니다. 자신이 없을 때는 오히려 틀림없이 잘될 거라는데 떨어지면 어쩌나 하는 생각이 든다. 떨어지면 부모님은 실망할 테고 자신도 엄청난 충격을 받을 거라는 부정적인 생각에 빠지는 것이다. 시험 결과를 생각하면 할수록 떨어져서는 안 된다는 부담감이 강해진다. 그 결과 진짜 능력을 발휘할 가능성이 현격히 줄어든다.

| 징크스 뒤에는 압박감이 있다 |

스포츠 세계에는 그런 측면을 여실히 드러내는 데이터와 에피소드가 많다. 각각 2006년, 2010년, 2014년 월드컵에서 우승한 이탈리아, 스페인, 독일은 그다음 대회에서 모두 본선조차 진출하지 못했다. 세대교체가 제대로 이루어지지 않은 점과 다른 팀의 견제가 심해졌다는 이유도 생각할 수 있으나 무엇보다 '이기는 게 당연하다', '기대에 부응해야 한다'는 압박감이 상상보다 컸다고 생각한다.

데이터가 그것을 증명한다. 축구 경기 중에서도 가장 압박감이 강해지는 순간이 PK(페널티킥)를 차는 찰나라고 한다. 성공하는 게 당연하고 실패하면 패배로 이어진다. 상대 팀도, 같은 팀도, 관객도 숨을 죽이며 공을 차는 순간을 지켜본다.

한 연구에서는 '이미 최고의 기량을 입증한 선수'를 1등급, '최고의 기량을 몇 년 뒤 보여준 선수'를 2등급, '최고의 기량을 선보

66

이지 못한 선수'를 3등급으로 나누고 PK 슛 성공률을 조사했다. 그 결과 예상과는 달리 성공률이 가장 낮은 선수층은 1등급 선수로 65퍼센트의 확률에 그쳤다. 반면 2등급과 3등급 선수는 각각 성공률이 89퍼센트, 74퍼센트였다고 한다.[17] 기대가 클수록 압박감은 커진다. 적당한 기대와 무관심이 오히려 기량을 자유롭게 뽐낼 수 있게 해준 것이다.

한편 대형 학원의 이야기를 들어보면 모의고사 같은 시험 결과에서 지망하는 학교의 합격선보다 조금 아래의 성적을 가진 학생들이 조금 위에 있는 학생보다 훨씬 합격률이 높다고 한다. 실력 면에서는 그리 큰 차이가 없는데 조금 위에 있는 학생은 '떨어지면 안 돼'라며 위치를 지키려는 심리가 강한 반면 조금 아래에 있는 학생은 '안 돼도 그만', '한번 해보는 거야'라는 공격적인 태도로 시험에 임한다는 것이다. 그 차이가 이런 역전 현상을 일으키는 것이다.

그런 부분을 잘 이해하고 있는 노련한 강사는 시험이 다가오면 "이 문제는 상당히 까다로워", "이건 풀지 못하는 게 당연해"와 같은 말로 학생들이 문제를 풀지 못했을 때의 좌절을 대비해 '보험'을 들어놓는다고 했다. 그 방식은 강박을 완화하는 방법과 통한다.

Chapter 5

인정받은 사람의
딜레마

| 꿈의 실현 다음에 기다리고 있는 아수라장 |

주위를 둘러보면 노력한 만큼 인정받지 못한다고 한탄하는 사람이 여럿 있다. 그러나 적게든 많게든 실제로 인정받은 사람을 떠올렸을 때 그 사람이 행복한 삶을 살았는가 하면 반드시 그렇지도 않은 듯하다.

1992년 바르셀로나 올림픽에서 여자 수영 200미터 평영 경기에 출전한 이와사키 교코는 당시 중학교 2학년으로 만 열네 살에

수영 사상 최연소 금메달이라는 쾌거를 올렸다. "이제까지 살면서 가장 행복해요"라는 이와사키 선수의 말을 듣고 가슴이 뜨거워졌던 사람도 적지 않았을 것이다.

나도 깊이 감동했다. 하지만 한편으로는 이렇게 빨리 인생의 절정을 맞다니, 앞으로 정말 힘들겠다는 생각이 머리를 스친 것도 사실이다. 예상대로 이와사키는 그 후 주위의 주목만큼 기록이 늘지 않아 괴로워했다고 한다. 부담감에 짓눌린 것이다.

| 이기는 게 당연하다는 중압감과 싸운 선수들 |

2018년 평창 동계 올림픽 스키 점프에서 동메달을 기록했던 다카나시 사라 선수도 주위의 큰 기대에 괴로워했다. 2014년 소치 올림픽에서는 직전에 출전한 스키점프 월드컵에서 엄청난 강세를 보였기에 금메달 확실로 기대를 모았다. 하지만 정작 올림픽 무대에서 기록이 나오지 않았고 결국 4위에 그쳤다.

다카나시 선수가 소치 올림픽을 치른 후 다음을 기약하며 어떻게든 부담감을 극복하려고 열심히 노력했다는 것은 말과 행동의 면면으로 잘 알 수 있다. 이전의 앳된 모습에서 갑자기 성숙한 외모로 변신했을 때는 놀란 사람도 많았을 것이다. TV 광고에 나와 갑자기 밝은 캐릭터를 선보인 것도 자신의 껍데기를 깨보려는 목적이 아니었을까.

몽골 출신 선수들이 주름잡던 스모 경기에서 2017년, 일본 출신으로는 19년 만에 요코즈나(우리나라 씨름의 천하장사에 해당한다—옮긴이)에 오른 기세노사토도 그로부터 오래 지나지 않은 2019년 1월 경기를 끝으로 은퇴를 결정했다. 요코즈나에 등극한 이후 스모 팬들의 기대를 한몸에 모았으나 그 기대를 여러 번 저버렸다. 제일인자인 하쿠호를 정면 승부로 여러 차례 쓰러뜨려 "힘 하나는 최고"라는 평가를 받았던 만큼 자신의 '인지된 기대'는 더욱 컸을 것이다.

누구보다 성실한 성격의 기세노사토가 그 기대를 정면으로 받아들여 큰 부담감으로 느끼고 있다는 것은 씨름 기술에서만이 아니라 모래판 위나 아래에서 쉴 새 없이 눈을 깜빡이던 모습에서도 잘 드러난다. 상대와 맞붙는 긴장된 상황에서 웃음 짓는 모습을 보고 이상하다고 느낀 사람도 적지 않을 것이다. 그가 부담감을 털어내려고 얼마나 많은 시행착오를 겪었을지 쉽게 짐작할 수 있다.

그러나 다카나시도, 기세노사토도 어떻게든 부담감을 극복하려던 노력이 결과적으로 성공한 것 같지는 않다. 무엇보다 태도나 행동의 변화는 내면이 변화한 결과이지 그 반대는 아니다. 따라서 태도나 행동이라는 외면을 바꾼다고 반드시 내면이 변화하는 건 아니다.

외면부터 바꾸는 방법이 아예 쓸모없는 건 아니다. 그러나 거기에는 함정이 있다. 부담감을 극복하기 위해 태도나 행동을 바꾸고 있다고 의식하는 한 대부분 그 의식을 의식하고 있으므로 강박에서 도망치기 어렵다. 오히려 앞서 말했듯 머리를 굴리면 굴릴수록 거꾸로 부담감이 강해져 더 집착하게 된다.

다카나시도, 기세노사토도 걸출한 실력과 남보다 더한 노력으로 그 역풍을 넘어 멋지게 동메달과 요코즈나라는 결과를 손에 넣었고, 이와사키도 오랜 고투 끝에 새로운 경지에 도달했다.

그러나 부담감에 무너지는 사람도 적지 않다. 특히 스포츠 선수와 연예인 중에는 워낙에 '인정받고 싶어', '주목받고 싶어'와 같은 인정 욕구가 강한 사람이 많다. 그게 성공의 원동력이 되기도 하지만 동시에 그 반작용 역시 크다.

| 살아 있는 전설도 인정에서 자유로울 수 없다 |

고등학교 1학년 때부터 야구 명문고 PL학원의 4번 타자 자리를 차지하며 고시엔(일본에서 봄과 가을에 열리는 고교야구 대회, 전국민이 주목하는 인기 대회다—옮긴이) 우승과 팀의 전국 제패에 공헌한 기요하라 가즈히로도 그런 사람이다(4200여 개에 달하는 고교야구 팀이 있는 일본에서 고교야구 인기 선수는 지역의 자랑거리이자 전국구 스타다. 기요하라는 13개의 홈런으로 고시엔 역사에서 빼놓을 수 없는 불멸의 히어로이자, 은퇴할 때까지 성적과 별개로 늘 엄청난 주목을 받은 살아 있는 전설로 불린다. 고시엔 통산 홈런 2위 선수의 기록은 6개다—옮긴이).

최고의 홈런 타자로 화려한 야구 인생을 걸었던 기요하라가 고시엔 데뷔로부터 30년이 지난 2016년, 각성제거래법 위반으로 체포되어 세상을 놀라게 했다. 그야말로 천국에서 지옥으로 추락한 것이다. 그러나 갑작스러운 추락은 아니었다. 이미 몇 번의 큰 좌절을 경험한 다음의 결과인 셈이었다.

기요하라 가즈히로의 좌절과 추락에는 인정 욕구가 깊이 관여하고 있는 듯 보인다. 그가 쓴 저서를 바탕으로 추락의 궤적을 더 들어보려 한다.[18]

그는 스스로 말하듯 주위 사람이 기대하거나 좋아할 만한 승부에는 열정을 불태우나, 그런 분위기가 느껴지지 않으면 아예 놓아버리는 성격이다. 그런 그는 고교 졸업 후 일본 최고의 선수를 꿈꾸며 요미우리 자이언츠 입단을 바랐다.

그런데 1985년 열린 선수 지명 회의에서 기대했던 자이언츠가 자신을 1차로 지명해주지 않은 데다가 같은 학교 동기이자 맞수였던 구와타 마스미가 자이언츠로부터 1차 지명을 받는 굴욕을 맛보았다. 결국 세이부 라이온스에 입단한 기요하라는 이후 자신을 버린 자이언츠에게 복수하겠다는 일념으로 노력을 거듭했다. 그 결과 라이온스에 있던 11년 동안 여덟 번이나 팀을 리그 우승으로 이끌었을 뿐만 아니라 요미우리 자이언츠를 누르고 일본 야구 최고 자리에 오르며 그동안의 울분을 멋지게 설욕했다.

1996년에 FA(프리 에이전트) 시장에 나온 기요하라는 드디어 염원했던 자이언츠에 입단했다. 그러나 막상 자이언츠에서는 기대한 성적을 거두지 못했고 끝없는 좌절이 시작됐다.

저서에는 '타이틀을 따고 싶었다', '주위로부터 인정을 받고 싶었다'라는 강한 의식이 오히려 헛발질하게 만드는 요인이었다고 밝혔다. 특히 경기에서 자기보다 마쓰이 히데키 선수가 주목받자 감정 조절을 제대로 하지 못한 채 승부를 봐야 하는 순간마다 소득 없이 아웃됐다는 점이 기요하라에게 무엇보다 충격이었다.

여기서 주목해야 할 점은 기회에 목말라 있던 그가 정작 기회가 왔을 때 공을 맞추지 못해 스스로 괴로워했다는 것이다. 인정 욕구가 강할수록 그 강박으로 인한 고통도 커짐을 알 수 있다.

기요하라가 성적을 내지 못하자 점점 관중석의 응원도 사라졌다. 그는 당시의 심경을 이렇게 표현했다. "관중석의 팬들에게 응원받지 못하는 것은 그만큼 내게 큰 고통이었습니다. 나는 줄곧 누군가의 기대와 응원을 받거나, 구장을 가득 채운 관객이 내게 뭘 원하는지를 느끼면서 그걸 에너지 삼아 방망이를 휘둘렀으니까요."

누구보다 강한 '인정받고 싶다'라는 욕구가 영광의 원동력이 된 한편 그 욕구가 채워지지 않는 순간이 오자 거꾸로 인정 욕구의 강박에 쫓길 수밖에 없었던 것이다.

| 기대를 충족시키려면 무리를 하게 된다 |

기요하라의 고뇌는 은퇴 후에도 이어졌다. 주위 사람들에게 그는 여전히 '스타'이자 '보스'이자 '거물'이었다. 인간 기요하라는 아주 섬세하고 성실한 인물임에도 그만큼 실제와 격차가 있는 대장 캐릭터를 요구받아왔다. 그 기대들을 충족시키려고 노력했으나 쉽지 않았다.

강요받은 역할에 눌려 아예 일탈을 해버린 선수가 또 있다. 한때 일본의 복싱 인기를 독점했던 가메다 삼 형제, 그중에서도 타이틀 경기에서 반칙을 저질러 1년간 선수 자격 정지 처분을 받은 차남 가메다 다이키가 그렇다.

그는 원래 독서와 그림 그리기를 좋아했으며 늘 복싱을 싫어했다고 고백했다. 은퇴 후 모습을 보면 알 수 있듯 그는 평소의 아웃사이더 이미지와는 거리가 먼 사람이다.

그러나 데뷔전을 KO승으로 장식하며 언론과 주위의 칭송을 얻은 그는 너무 우쭐해진 나머지 아주 화려한 패션으로 주목받으려 하거나 세간을 집중시키는 센 발언을 일삼았다. 그게 언론에 크게 다뤄지자 가메다의 언동은 더욱 거칠어졌다. 자기도 모르는 사이 가메다는 주위가 기대하는 역할을 연기하려고 무리한 것이다.

챔피언 나이토 다이스케와 타이틀전을 치르기 전에는 기자회견에서 "지면 할복하겠다"라고 큰소리를 쳤다. 하지만 막상 시합에 나서보니 상대가 만만치 않다는 것을 깨달았다. 이에 당황한 가메다는 순간적으로 악질적인 반칙 행위를 하고 말았다.

기요하라도, 가메다도 기대에 부응하려는 선택이 재앙이 된 셈이다.

| 이미지가 나인지 내가 이미지인지 |

하나 주목할 점이 있다. 두 사람 모두 진짜 자신과는 다른 이미지를 일부러 연기했다. 아니, 오히려 연기하도록 강요당했다고 해야 정확할 것이다. 나아가 더는 그런 이미지를 보이기 위해 연기할 필요가 없어진 단계에서도 자발적으로 연기한 것처럼 보인다는 점에도 주목해야 한다.

자발적인 연기라고 보는 것은 보스나 악당 이미지를 세간이 비판적으로 보기 시작했음에도 결정적인 사건이나 좌절에 이르기 전까지 연기하기를 멈추지 않았다는 점에서 알 수 있다. 그렇다면 기대라는 부담감이 사라졌는데도 진정한 자신의 성향과는 다른 이미지를 계속 연기한 이유는 무엇일까?

이는 심리학의 인지 부조화 이론으로 설명할 수 있다. 누구나 마음속에 부조화, 즉 모순이나 갈등이 생기면 불쾌해진다. 부조화가 일어나면 그걸 해소하려고 하게 된다.

기요하라나 가메다 또한 만들어진 이미지를 연기하는 일이 불쾌하고 피곤했을 것이다. 이때 부조화가 주는 불쾌감으로부터 도망치기 위해 거꾸로 자신을 그 이미지에 맞추려고 한다. 게다가 부조화가 심해질수록 이를 해소하기 위해 자신을 바꾸려는 노력도 커진다.

적극적으로 주어진 역할을 연기하다 보면 점점 그 이미지에 익숙해진다. 마침내 이미지를 연기하는 부담감을 느끼지 않는 순간이 오게 되고 자연스럽게 만들어진 이미지로 살아가게 되었을 것이다.

더욱이 세상의 눈이 엄격해지거나 비난이 거세지면 다시금 부조화를 해소하기 위해 만들어진 이미지를 더욱 적극적으로 연기하게 되면서 기이한 언동이 극한으로 치닫는다. 가장 비극적인 순간이다.

조금 다른 경우지만 과로 자살하는 사람이나 부정을 저지른 사람의 심리에도 같은 메커니즘이 작동한다고 말할 수 있다. 기대에 대한 부담감을 느끼지 않게 되었는데도 억지로 계속 일하거나 저항감 없이 부정을 저지는 일은 예상보다 너무 자주 있다.

| 미슐랭 별 3개가 가져온 비극 |

기대에 대한 부담을 견디지 못해 더 불행한 결과를 초래하는 일이 있다.

프랑스에 베르나르 루아조라는 요리사가 있었다. 그는 버터와 크림 등을 사용하지 않는 독특한 조리법으로 인기를 얻어 미슐랭 별 3개를 받았다. 덕분에 그가 경영하는 레스토랑도 크게 번성했다. 그런데 얼마 후 이 미슐랭 평가에 의문을 제기하는 말들이 일부에서 나왔다. 의견들에 신경이 쓰일 수밖에 없었던 그는 미슐랭 별 3개를 놓치는 건 아닐까 전전긍긍했고, 결국 스스로 목숨을 끊고 말았다.

일본에도 기대가 주는 부담감을 이기지 못하고 자살한 영웅이 있었다. "아버님, 어머님. 고키치는 이제 너무 피곤해 달릴 수 없습니다"라는 충격적인 유서를 남기고 자살한 마라톤 선수 쓰부라야 고키치가 대표적인 인물이다.

1964년 도쿄 올림픽. 올림픽의 꽃이라 불리는 마라톤에서 역투를 벌인 쓰부라야는 두 번째로 골인 지점인 국립경기장에 돌아왔다. 우레와 같은 박수와 성원 속에서 골인하기 직전에 히틀리에게 역전당해 아깝게 3위에 그쳤지만, 일본 선수로서는 육상 경기에서 유일하게 메달을 땄다.

단번에 일본의 영웅이 된 그는 자연스럽게 다음 올림픽에서도 금메달을 따리라 기대를 모았다. 그런데 연습 환경이 나빠지고 부상이 이어지는 불운으로 인해 점차 기대에 응하기 힘들어졌다. 누구보다 성실하고 책임감이 강했던 그는 결국 그런 상황을 견디지 못하고 자살이라는 길을 선택하고 말았다.

이런 인물들은 모두 인생에서 한 번쯤 성공을 거머쥔 사람들이다. 보통 주위의 기대가 커질수록, 기대에 부응하려는 마음이 강해질수록 더욱 노력한다. 그것이 성공의 이유가 되기도 한다.

그러나 이들처럼 자신에게 쏟아지는 기대가 너무 커지면 부담감에 짓눌릴 위험도 커진다. 영광을 손에 넣으려는 사람은 어떤 의미에서는 아주 아슬아슬한 지점에서 승부를 보고 있는 것이다.

| 일단 얻은 좋은 평판은 내려놓을 수 없다 |

'출세하고 싶다'라거나 '위대해지고 싶다'라는 적극적인 출세욕의 그림자가 점점 짧아지고 있는 것 같다. 게다가 고도성장기를 지나 저성장기에 접어든 오늘날, 각종 조사 결과를 봐도 그러한 경향은 더욱 뚜렷해졌다.

일본생산성본부가 매년 실시하는 신입사원 의식조사에는 "어느 자리까지 승진하고 싶나?"라는 질문 항목이 있다. 2018년 조사 결과에서는 "사장"이라고 응답한 비율이 10.3퍼센트로 가장 적었던 반면 "아무래도 상관없다"가 17.4퍼센트로 가장 많았다.

무엇보다 성공해 관심을 받거나 사회적으로 주목받는 것 자체가 쉽지 않아졌다.

그래도 한편으로는 많든 적든 인정받으면 사람은 그것을 유지하고 싶은 강박에 다시 빠진다. 그로 인해 괴로워하는 일이 적지 않다. 강력하게 바라지도 않았음에도 한번 얻은 지위나 평가는 쉽게 놓기 어려운 법이다.

왜 우리는 스스로를 망쳐가면서까지 좋은 평판을 이어가고 싶어 할까. 왜 괴로워하면서도 놓아버리지 못할까.

Chapter 6

왜 우리는
인정에 휘둘리는가

| 인정받지 못했을 때 일어나는 일들 |

자기 분야에서 정점을 찍은 사람이 그것을 유지하려다가 불행에 빠지는 모습을 보고 '왜 저렇게까지 인정에 매달릴까, 왜 주위의 평가나 기대에 응하려고 하는 걸까' 하고 이상하게 생각한 사람도 많을 것이다. 또한 어쩌면 그건 성공한 일부에게만 해당하는 이야기라고 할지도 모른다.

그러나 사람은 의식하든 안 하든 어떤 형태로든 주위의 인정을 얻고 있다. 또한 누구나 형태 없는 인정에 집착한다. 무엇보다 인정으로 얻은 대부분은 인정받지 못하면 잃는다는 점이 또 다른 불안을 불러일으킨다.

앞서 제시한 연구 결과들과 같이 인정받음으로써 내발적 동기부여, 자기효능감, 평가나 처우에 대한 만족도가 높아지고, 일의 성적도 나아졌다. 이직을 억제하는 효과도 있음을 알았다. 거칠게 말하자면 인정을 받지 못하면 이런 효과들이 모두 사라지는 것이다.

내발적인 동기부여에 따른 의욕이 낮아진다는 것은 날마다 즐겁게 하던 일이나 활동이 더 이상 즐겁지 않음을 의미한다.

예전에 기업 연구소에서 일하는 연구자나 엔지니어를 인터뷰하러 돌아다닌 적이 있다. 그들에게 "일 때문에 즐겁거나 가슴이 뛸 때는 언제인가?"라고 물었다. 자신이 개발한 제품이 소비자에게 좋은 반응을 얻었을 때와 경쟁사에서 당혹스러워하며 각성하는 모습을 상상했을 때라는 대답이 많았다.

자기가 개발한 기술이나 제품이 혹평을 듣거나 아무에게도 관심을 받지 못하는데도 출근하기 즐겁거나 가슴이 뛰는 기분을 유지할 수 있을까. 아마 그나마 있던 즐거움도 흥분도 모두 사라질 것이다.

연구자나 엔지니어만의 이야기가 아니다. "손님이 기뻐했으면 좋겠다"라거나 "동료들과 즐겁게 일하고 싶다"라고 말하는 사람들 역시 주위 사람들에게 감사를 받거나 인정받는 걸 전제로 일하고 있는 셈이다.

이렇듯 내발적 동기부여만 하더라도 많은 경우 인정받고 싶다는 마음이 바탕에 있음을 이해할 수 있다. 인정을 잃으면 자기효능감, 즉 '하면 할 수 있다'라는 자신감도 사라진다. 그러면 모든 일에 소극적이게 되고 도전하려는 의욕이 더욱 생기지 않을 것이다.

나아가 인정받지 못하면 자신의 평가나 처우에 대한 불만이 강해지는 동시에 실적은 떨어진다. 실적이 떨어지면 더욱 인정받지 못하게 되고 점점 더 낮은 평가를 받는 악순환에 빠질 것이다. 일하는 것에도 흥미를 잃고 직장을 그만두고 싶어질지도 모른다.

실증 연구에 바탕을 둔 증거들이 이러한 추측을 뒷받침한다.

그것만이 아니다. 이미 설명한 대로 인정은 다른 욕구나 유형무형의 다양한 대가와도 관련되어 있다. 가령 타인을 자기 마음대로 행동하게 만들고 싶다는 지배욕이나 풍요롭고 안정된 생활을 바라는 안전·안정의 욕구, 이성에게 호감을 얻고 싶은 욕망 등도 인정으로 채워지는 경우가 많다. 인정받지 못하면 그런 것들도 잃을 가능성이 크다.

| 인정을 간절히 원하지 않더라도 |

사람에 따라서는 다른 사람에게 인정받는 데 연연할 필요가 전혀 없다고 생각할지 모른다.

인정받는 게 별 의미가 없다고 생각한다면 인정받아 얻은 것을 모두 내놓으면 된다. 돌이켜봐도 인정받지 못한다고 해서 그렇게 큰 불만이 있을까, 직책을 생각하면 평사원일 때가 제일 편하지 않았나, 라고 쉽게 생각할 수 있다.

그러나 말처럼 간단하게 규정할 수 없는 게 현실이다. 지금 중요한 자리에 앉아 있는 사람들이 모두 기꺼이 그 자리에 앉아 있는 건 아니다. 그렇지만 막상 그 자리를 빼앗기면 대다수는 반발한다.

인정받기를 간절히 원하지 않더라도 한번 인정받으면 그걸 내려놓기는 어렵다. 참고로 이는 인정에만 해당하는 게 아니라 많은 경우에 해당되는 일종의 법칙이다.

행동경제학자이자 베스트셀러 『넛지』의 저자 리처드 세일러는 이를 보유 효과라고 부르고, 넛지 이론의 토대가 된 한 논문에서 보유 효과로 인해 작동하는 심리를 설명했다.[19]

어떤 사람이 1950년대 말, 좋은 와인을 병당 약 5달러에 사들였다. 몇 년 후 와인업자가 그 와인들을 병당 100달러에 팔라고 했다. 그는 청을 거절했다. 한편 그는 같은 와인을 35달러보다 더 많은 돈을 주고는 사려고 하지 않았다. 요컨대 이 사람은 그 와인에 35달러의 가치밖에 인정하지 않으면서 그보다 두 배 많은 금액에도 판매하기 아까워했음을 알 수 있다.

비슷한 경우를 우리는 일상생활에서 종종 경험한다. 월급이 1만 원 오른다고 그리 기쁘지 않은데 1만 원 떨어지면 매우 기분이 나쁘고 저절로 의욕이 사라진다. 카지노에서 소액을 잃고 그걸 회복하려고 몇 배의 돈을 탕진하는 사람에게도 같은 심리가 작동했을지 모른다.

감정이 더해지면 그 격차는 더욱 극단적인 형태가 된다. 가령 당신이 수족관에서 열대어들을 30만 원에 구입해 길렀다고 해도 객관적인 가치는 거의 변하지 않는다. 하지만 당신에게 누군가 이 열대어들을 30만 원에 팔라고 제안한다면 승낙할까. 두 배가 넘는 금액을 제안한다고 해도 대부분은 거래에 응하지 않을 것이다.

이런 주관적인 가치와 객관적인 가치의 격차에 관심을 가져 이익을 내는 것이 비즈니스다. 나아가 이른바 '열정 착취' 그리고 '인정 욕구 착취' 역시 그런 격차에 자리 잡고 있다.

| 사랑받는다는 것은 궁극적인 의미의 인정 |

열대어의 사례가 상징하듯 감정이 얽히면 단순하고 객관적인 계산으로는 해결할 수 없게 된다. 자신의 명예나 자긍심과 관련한 문제라면 놓아버리기는 더욱 어렵다.

여기서 인정 욕구의 중요한 특징을 생각해보길 바란다. 인정 욕구는 존경·자존의 욕구라고도 불린다. 이는 타인의 인정을 바탕으로 한 자기 인정이나 자존감이 밀접하게 관련되어 있음을 의미한다. 따라서 타인의 인정을 잃으면 자신의 존재 가치조차 느끼지 못한다. 극단적인 표현으로, 자신이 자신이 아니게 되는 것이다.

그 점을 염두에 두면 그냥 보기에는 납득하기 어려운 행동도 쉽게 이해될 때가 있다. 특히 아이들은 아직은 인간으로서 미성숙한 데다 어른과는 다른 세계에 살고 있다. 그렇기에 더욱 아이의 관점에서 봐야 한다. 이를 게을리하면 돌이킬 수 없는 지경에 이르기도 한다.

유감스럽게도 일본에서는 따돌림 때문에 자살하는 아이가 끊이지 않는다. 그때마다 어른들은 따돌림을 당하면 괴로워하지 말고 부모나 교사에게 상담하라고 당부한다. 하지만 비극은 여전히 되풀이되고 있다. 정작 필요한 것은 아이들이 어떤 세계에서 살

86

고 있는지, 그 안에서 인정을 잃었을 때 얼마나 견디기 힘든지를 깊이 통찰하는 게 아닐까.

아이들에게 학교는 가장 중요한 세계이고 그 중심은 학급이나 친구 그룹이다. 또래끼리 지내다보면 자연스럽게 독특한 규칙이나 관행이 생긴다. 자신에 대한 주위의 평가도 정해지면서 아이들은 서서히 자신의 역할을 받아들인다. 또한 친구들과의 관계 속에서 연기해야만 하는 모습도 스스로 결정한다.

또래 집단의 규칙과 관행, 친구 사이의 평가 기준에는 어른들은 눈치 채지 못하는 미묘한 것과 어른이 보기에는 우스워 보이는 것, 혹은 위험한 것도 포함된다. 아이들 세계와 어른 사회의 평가는 기준도 무게도 크게 다르다.

또래 사이에서는 장난기 많고 모험을 좋아하는 친구로 여겨지는 아이일지라도 부모와 형제 혹은 교사에게는 '밝고 씩씩한 딸', '듬직한 형', '성실한 학생'으로 평가받을 수 있다. 즉 친구들 사이에서의 이미지와 가정 등에서의 모습 사이에 괴리가 생길 수 있다는 뜻이다. 아이 자신도 모르게 다른 얼굴을 상황과 역할에 따라 사용한다고 볼 수 있다.

이런 아이가 가령 학급에서나 친구들 사이에서 따돌림을 당했다고 가정한다면, 과연 아이 입장에서 자신을 '밝고 씩씩한 아이',

'성실한 학생'으로 평가하는 부모나 교사에게 솔직하게 털어놓으며 도움을 요청할 수 있을까.

도움을 요청한다는 것은 그동안 쌓은 긍정적인 평가와 인정을 모두 잃을 수는 상황을 각오해야 한다. 체면이 완전히 뭉개지는 것이다. 자신이 따돌림을 당한다는 걸 가족이 아는 것보다는 괴롭힘을 참는 편이 더 낫다고 생각하는 게 오히려 자연스러운 선택이지 않을까.

괴롭히는 쪽은 원래 나쁜 학생일 것 같지만 알고 보면 꼭 그렇다고 단정 지을 수만은 없다. 개인적으로 봤을 땐 분별력도 있고 양심도 있는 아이인데 또래 집단 안에서는 다른 말과 행동을 하는 경우가 더 흔하다. 친구들에게 인정받기 위해서는 누군가를 괴롭히는 편에 서거나 보고도 못 본 척해야 할 때가 발생한다. 결국 집단 안에서 인정받고 싶다, 인정받아야 한다는 과도한 의식이 따돌림의 피해자와 가해자를 만드는 것이다.

남녀 사이에는 남성과 여성이라는 이른바 생물학적 인정까지 관여된다. 설명할 것도 없이 연애는 이성과 타산을 뛰어넘는 감정 그 자체로 이뤄진다. 물론 계산과 술수가 전혀 없을 수는 없다. 하지만 돈이나 권력으로 상대를 유혹할 수는 있지만 마음까지 온전히 사로잡을 수는 없다. 연애에서는 순수하게 개인의 매력이 요구된다. 따라서 사랑받는다는 것은 어떤 의미에서 궁극적인 인정이다. 실연이나 이혼은 그런 의미에서 인정을 잃는다는 것을 뜻하며, 그렇기에 감정적으로 타격을 입거나 정신적인 스트레스를 받을 수밖에 없다.

애인이나 배우자에게 물리적인 폭력이나 가스라이팅을 당하고도 계속 견디는 것, 외부의 힘이 개입했을 때 마치 스톡홀름 증후군처럼 상대의 편에 서는 것은 너무나도 흔한 일인데 이는 사랑하는 사람의 '인정'을 놓아버리기가 얼마나 어려운지를 증명한다.

| 중요한 시합 전 늘 아픈 사람의 속마음 |

한번 인정받으면 거기에 매달리게 되고 그 인정을 놓기 어려워진다. 그리고 괴로워한다. 누구나 이런 경험이 있다. 그렇기에 그러한 갈등 상태에 빠지지 않으려고 미리 자기방어를 하는 사람도 있다. 과대평가를 받지 않으려고 일부러 자기평가를 낮추는 행위도 이에 속한다.

대표적인 예로 자기 불구화 전략Self-handicapping을 꼽을 수 있다. 이를테면 큰 시합을 앞두고 꼭 몸 어딘가가 아프거나 컨디션이 나빠지는 척하는 사람이 있다. '부상당했으니 이기지 못하겠구나'라고 생각하게 만들어 주위의 기대를 사전에 차단하는 것이다. 이렇다 할 큰 부상이 아닌데도 늘 손이나 발에 스포츠테이프를 감고 있거나 몸에 반창고를 붙이고 있는 운동 선수는 어쩌면 '기대하지 마세요'라는 메시지를 계속해서 보내고 있는 것일지도 모른다.

회사에서도 같은 광경을 볼 수 있다. 예전에 관공서에서 일할 때 보면, 중요한 회의 전날이면 어김없이 술을 진탕 마시고는 다음 날 늘 숙취에 고생하는 사람이나 프레젠테이션 날이 다가올 무렵 뚜렷한 이유 없이 감기에 걸리는 사람이 있었다. 승진 면접 직전에 가족 여행을 가는 사람도 있었는데 지금 생각해보면 동료와 가족 모두에게 '기대하지 말아줘'라고 온몸으로 주장한 셈이었다.

말 잘 듣는 우등생이었던 아이가 사춘기가 되어 갑자기 머리를 빨강이나 노랑으로 물들이고 불량한 복장으로 어슬렁거리는 일은 흔히 있다. 자아 정체성의 혼란이 오는 사춘기가 되면 아이는 이렇게 지내다가는 부모나 교사의 기대에 조종당할 것 같다고 느끼기도 한다. 그래서 아예 일부러 반항적인 행동을 해 기대를 꺾어버리는 짓을 한다. 일부러 무능을 가장하거나 거친 척해 자신의 가치를 깎아내리는 것이다.

| "앞으로 더 기대하고 있겠네" |

기대가 주는 부담감이 젊은이들에게 얼마나 크게 느껴지는지는 설문 조사에도 잘 나타나 있다. 라이온주식회사가 2012년에 실시한 의식조사에 따르면 신입사원 시절 마음을 무겁게 만든 상사의 말로 "앞으로 더 기대하고 있겠네"가 3위에 꼽혔다.

인정이라는 부담에서 도망치는 또 다른 방법은 미리 평가 하락을 막아두는 행위다. 먼저 설명한 자기 불구화 전략에는 미리 큰 기대를 거는 걸 막는 동시에 원하는 만큼의 성취를 얻지 못했을 때 합리화하려는 의도가 포함되어 있다. 실패하더라도 '몸이 좋지 않았기 때문에 실력을 제대로 발휘할 수 없었을 뿐', '실력은 있는데 공부를 안 해 떨어졌다'라고 생각하게 하려는 것이다.

그런데 초등학교와 중학교 교육 현장에서는 "노력은 칭찬하는 게 좋으나 능력이나 성과는 칭찬하지 않는 편이 좋다"라는 이야기를 자주 한다. 칭찬받은 아이는 그 기대를 저버리지 않으려고, 자신감을 잃게 될까 봐 두려운 마음에 실패 위험이 있는 것에는 아예 도전하려고 하지 않기 때문이다.

그렇다면 노력은 칭찬해도 좋을까. 이 또한 단언할 수 없다. 노력을 칭찬받으면 이 역시 '더 노력해야만 해'라는 부담감 때문에 학교에 나오지 않는 학생도 있고, 거꾸로 효율적인 노력이 무엇인지 고려하지 않고 미련하게 열심히만 하는 아이도 있다.

기대에 눌린 아이가 학교에 등교하지 않는 것은 부담감에 대처하는 하나의 방법이라고 볼 수 있다. 또 자기 불구화 전략 같은 자기방어를 위한 언동도 때로는 자신이 처한 상황에 대처하기 위해서는 필요하다. 오히려 이런 자기방어적 행동을 취하지 않고 주위의 기대를 있는 그대로 받아들이는 사람이 더 위험해질 확률이 높다.

│ 소극적이고 수동적인 인정 욕구 │

아무래도 크게 인정받았던 사람일수록 인정받지 못하게 되었을 때 잃는 게 많다. 따라서 성공한 사람의 경우 일반인보다 강박이 강해지고 그것이 사회적인 추락과 자살이라는 비극으로 이어질 가능성이 높다.

유명인에게 중요한 존재는 역시 자신을 응원해주는 팬들이다. 팬은 좋아하는 스포츠 선수나 연예인을 자신과 동일시한다. 좋아하는 선수가 활약하면 자신이 활약한 것만 같아 힘이 나고, 좋아하는 가수의 노래가 큰 인기를 얻으면 내 일처럼 기쁘다. 성공한 사람이나 유명인 뒤에는 이처럼 헤아릴 수 없을 만큼 많은 팬이 존재한다. 나아가 순수한 팬만이 아니라 부모와 친척, 친구 중에도 자신을 자랑스럽게 생각하는 사람이 많을 것이다.

성공한 사람들은 이러한 대중의 기대를 한몸에 짊어지고 있다. 거기에는 '실망하게 해선 안 돼', '기대에 부응해야만 해'라는 소극적이거나 수동적인 인정 욕구가 깔려 있다. 그 부담감은 일반인과 비교할 수 없을 만큼 차원이 다르다.

그런 기대로부터 도망치려고 해도 도망칠 수 없다. 물론 도망칠까, 포기할까 생각해보기는 했을 것이다. 그러나 한결같이 자신을 응원해주고 자신이 존재하는 것만으로도 행복하다고 말하는 사람들이 그러한 '도피'나 '쉼'을 용납하지 않으리라는 건 쉽게 짐작할 수 있다. 도망가고 싶다가도 자신을 사랑하는 사람들의 낙담하는 모습이 떠올라 마음을 다잡지 않았을까.

불치병으로 살날이 얼마 남지 않은 작가가 독자들을 위해, 연예인이 팬을 실망시키지 않기 위해 시간과 체력을 쥐어짜내 노력 생각해보게 한다. 이처럼 유명인의 경우, 인지된 기대가 클 뿐만 아니라 그 사람 뒤에 얼마나 많은 이들이 있는지를 생각하면, 쉽게 기대를 저버리기 어려운 것이다.

3 / 인정 욕구는 어떻게
우리의 뒤통수를 치는가

Chapter 7

인정 욕구라는 괴물

| 24세 신입사원의 자살 |

사람들이 크리스마스 분위기에 들떠 있던 2015년 12월 25일 아침, 대형 광고회사 덴쓰의 다카하시 마쓰리 씨가 사원 기숙사에서 뛰어내려 스스로 목숨을 끊었다. 고작 24세의 신입사원이었다. 이어지는 밤샘 작업과 새벽 근무의 가혹한 노동이 그녀를 자살로 몰아갔다고 파악되었고 형사사건으로까지 이어졌다. 정부가 나서서 근무 방식 개혁을 추진하자고 본격적으로 외친 계기이기도 했다.

어머니와 단둘이 사는 가정에서 성장한 다카하시 씨는 초등학생 시절, 학원비를 할인받자 '내가 공부를 잘하는 게 선생님들께 은혜를 갚는 일'이라고 생각해 매사 최선을 다했다고 한다.

덴쓰에 지원할 때 낸 이력서에는 "역경에 강하다. 심한 스트레스에 단련되어 있다. 불가능한 이유를 찾아내 불평하지 않고 강한 신념을 갖고 노력하면 해결할 수 있다"라고 적었다고 한다. 입사한 다음에는 "사람들과 긴밀히 소통해 의견이나 이해를 조정하는 게 적성에 맞다"라는 포부를 밝혔다.

성실하고 책임감이 강한 다카하시 씨의 성격을 조금은 짐작해볼 수 있다. 그랬기에 주위에서 주는 과도한 부담을 고스란히 받아들였을 것이다. 산업 의사 오무로 마사시도 모든 일에 완벽을 추구하다가 융통성을 발휘하지 못해 방전 상태에 이른 과잉적응형이었을 것이라고 다카하시 씨를 분석했다.[20]

먼저 밝혀두겠는데 그녀 같은 성격이 결코 이질적이거나 특별한 게 아니다. 주변에서 흔히 볼 수 있는 성격이다. 어떤 의미에서는 규범적인 유형이기도 하다. 문제는 이런 성격이 과로사나 과로 자살로 몰리기 쉬운 위험성을 가지고 있다는 점이다.

| 책임감과 성실함이 초래하는 비극 |

과로사·과로 자살은 2016년 한 해만 해도 191건에 달하면서 큰 사회문제로 대두되고 있다. 사회정책이론이 전문 분야인 경제학자 구마자와 마코토는 과로사나 과로 자살 사례를 연구 및 분석하고 있다. 구마자와의 저서 『지나치게 일하다가 쓰러진다면』에 실린 사례를 소개한다.[21]

가와사키제철의 생산관리 과장은 일에서라면 자신에게도 부하에게도 엄격함을 요구하는 꼼꼼하고 완벽주의 성격으로, 책임감이 매우 강했다. 지역 균형 채용으로 입사한 직원 가운데 처음으로 계장이 된 그는 "본사에서 채용한 사람들에게 '지지 않게' 더욱 분발해야 한다"라고 아내에게 말했다고 한다. 그런 그는 결국 과도한 업무와 막중한 책임감으로 인해 자살을 선택하는 비극을 맞이했다.

경제학자 구마자와는 이 저서에서 공장에서 일하던 사원이 심신이 피폐해져 스스로 목숨을 끊은 또 다른 사건을 언급하며 정신과 의사가 소견서에 남긴 글을 소개한다.

"기타니 씨는 성격으로 보면 이른바 착한 사람으로, 착한 사람 캐릭터를 계속 연기해왔다. 주위 기대에 부응해 상대가 원하는 대로 행동하는 편이나 그것은 종종 과잉 반응을 낳는다. […] 체력이나 기력의 한계를 넘어서까지 온 힘을 다한다. 기업 안에서는 책임감이 있는 든든한 인재로 평가되나 종종 인간이기에 넘어서지 못하는 극한에 다다른다."

이들 또한 덴쓰의 다카하시 씨와 마찬가지로 책임감과 성실함 탓에 주위의 과도한 기대감을 그대로 받아들여 스스로 궁지에 몰린 것이다.

특히 일본의 직장에서는 책임감이 강하고 일을 성실하게 수행하는 사람에게 일이 점점 더 몰린다. 처음에는 쏟아지는 업무를 의욕적으로 받아들이고 깔끔하게 처리하나 시간이 흘러 자기 능력의 범위를 벗어나면 이러지도 저러지도 못하는 상황에 빠진다. 힘껏 늘어난 고무줄이 더 늘어날 수 없어지면 툭 끊어지는 것과 같이 극단에 놓이게 되는 것이다.

과로사나 과로 자살 같은 최악의 결말이 아니더라도 과도한 스트레스를 일으키는 원인으로 직장 환경과 인사 시스템이 크게 관여하고 있음은 틀림없는 사실이다. 강한 책임감과 동료를 배려하는 마음 같은 훌륭한 인간성이 약점이 된다는 것은 너무나 부조리하고 슬픈 일이다.

이런 유형의 사람들이 보이는 행동은 얼핏 인정 욕구와는 관련이 없는 듯하다. 그러나 한발 물러나 냉정하게 분석하면 소극적인 인정 욕구와 연관되어 있음을 부정할 수 없다.

누군가가 조직이나 동료를 생각해 자신을 희생하며 업무에 매진했을 때 자신을 향해 기대와 존경이 쏟아지는 것을 느끼면 더욱 분발하게 된다. 좋은 평판을 받지 못거나 그 행동을 눈엣가시처럼 여겨서 사람들이 질투하거나 경멸하면 더욱 노력할 마음이 생길까. '내가 노력하나 봐라'라고 분개하는 게 당연할 것이다. 그렇기에 책임감과 배려를 내포한 행동은 인정받고 싶은 마음과 관련이 없지 않으며 오히려 인정 욕구를 향한 아주 강한 의지를 갖고 있다고 봐야 한다.

| 업무도 야근도 주위의 눈치를 보느라 |

위험한 조짐은 바로 우리 곁에 있다. 후생노동성에서 발표하는 「월간 노동통계조사」(2017)에 따르면 정규직 사원의 연간 총 근로시간은 2026시간으로, 주요 국가 중에서 눈에 띄게 길다. 독일과 프랑스의 근로시간은 일본의 4분의 3 정도에 불과하다. 다 아는 대로 일본의 근로시간이 긴 원인 중 하나는 시간 외 근무가 많기 때문이다.

또 후생노동성 「취업조건종합조사」(2017)를 보면 연차유급휴가 사용률은 49.4퍼센트로, 여전히 주어진 휴가의 반도 쓰지 않는 게 현실이다. 참고로 유럽과 미국을 비롯한 대부분의 나라에서는 휴가를 100퍼센트 가까이 사용한다.

정부가 근무 방식 개혁을 핵심 정책으로 꼽고 있는데도 그중 최대 관심사인 근로시간 축소는 좀처럼 실행되지 못하고 있는 것이 현실이다.

근로시간 축소가 이루어지지 않는 이유는 지나친 업무량과 인력 부족, 처음부터 시간 외 근무를 전제로 일이 주어지는 실태 등 다양하게 꼽을 수 있다.

그러나 이런 '어쩔 수 없는' 이유가 전부는 아니다. 한 조사에서는 소정 근로시간을 초과해 근무하는 이유로 응답자의 10.3퍼센트가 "상사나 동료가 시간 외 근무를 하니까 먼저 들어가기 힘들어서"라고 대답했다.[22]

또 다른 조사에서는 유급휴가를 쓰지 않은 이유를 물었는데 "쉬면 동료들에게 폐가 되니까" 외에 "동료들이 쓰지 않으니까 연차휴가를 쓰기 힘들어서", "상사가 흔쾌히 받아들이지 않아서"라는 대답이 모두 상위에 올랐다.[23]

일이 바빠서 혹은 업무에 지장이 가기 때문이라는 이유를 떠나 많은 사람이 상사나 동료의 눈치, 바꿔 말하면 주위로부터 '저 사람은 열심히 일한다'와 같은 소극적인 형태의 인정을 받고 싶어서 시간 외 근무를 하거나 필요한 휴가를 쓰지 않는 게 현실이다. 바쁘다거나 업무에 지장이 있어서라는 이유를 든 사람도 주위 눈치를 보느라 퇴근하지 못하는 자신의 한심함을 인정하고 싶지 않아서 그렇게 대신 답했을지도 모른다.

재미있는 에피소드가 있다. 한 중소기업 사장이 매일 늦게까지 시간 외 근무를 하는 직원들을 어떻게든 일찍 퇴근시키겠다는 생각에 "일이 끝나면 몇 시든 퇴근해도 좋다"라고 공지했다. 그러자 전 직원이 점심을 먹고 얼마 지나지 않아 퇴근해버렸다고 한다. 한나절이면 끝낼 일을 밤늦게까지 해왔다는 소리다. 그만큼 주위의 시선이 일의 효율을 떨어트리는 것이다.

| 일한 만큼 제대로 인정받지 못하는 불안 |

시간 외 근무를 하거나 휴가를 쓰지 않는 게 왜 인정받으려는 것과 관련이 있을까?

일본의 회사나 관공서는 유럽이나 미국과 달리 부문별로 업무를 크게 나누는 편이라 개인의 업무 영역이 명확하지 않다. 일을 잘하는 사람이나 노력하는 사람이 일을 더 많이 하거나 다른 이의 일을 돕는 게 일반적이다.

따라서 늦게까지 남거나 휴가를 쓰지 않는 사람은 회사나 주위 사람에게 크게 기여하는 듯 보일 것이다. 거꾸로 일찍 퇴근하거나 휴가를 다 쓰는 사람은 회사나 주위 사람에게 폐를 끼치는 것처럼 보인다. 실제로 그렇게 평가되고 있음을 증명하는 조사 결과도 있는데, 그게 사실인지 아닌지보다 일하는 사람에게 더 초점을 맞출 필요가 있다.

원래는 늦게까지 남아 일하면 시간 외 근무수당을 줘야 하므로 회사 측에는 부담이 된다. 그러나 일본은 초과 근무수당 할증률이 25퍼센트 이상으로 다른 국가보다 낮다. 대체로 50퍼센트 이상이며 그중에는 휴일에 출근하면 시급으로 따졌을 때 평일의 두세 배에 해당하는 수당을 줘야 하는 국가도 있다. 일본에서는 수당을 아예 주지 않는 시간 외 근무도 횡행하고 있다.

이처럼 낮은 할증률과 무급 근로 탓에 시간 외 근무는 회사나 동료에게 여분의 공헌을 하는 것으로 보인다. 혹은 충성의 증거로도 여겨진다.

유급휴가 역시 해외에서는 지역에 따라 남은 휴가를 회사가 상당한 비용으로 사들이게끔 법률로 규정하고 있다. 의무가 아니라도 많은 기업이 실제로 이런 제도를 시행하고 있다.

한편 일본에서는 쓰지 못한 휴가를 급여로 제공하는 제도 자체를 인정하지 않는다. 휴가를 쓰지 않으면 그만큼 '공짜 근로'가 되는 것이다. 이 또한 회사나 동료에 대한 추가적인 공헌으로 여겨지는 이유다.

현실적으로, 일하는 시간과 공헌도가 대부분 일치하는 제조업 기반 사회와 달리, IT화가 진행된 요즘 시대에는 시간과 공헌도 사이의 상관관계가 약화되고 있다. 그래도 여전히 일하는 사람의 의식 속에는 야근하지 않고 퇴근하거나 휴가를 다 쓰면 상사나 동료에게 낮게 평가되지 않을까 하는 불안에 젖어 있다.

아이를 둔 여성들은 퇴근 시간이 다가오면 어떤 타이밍에 "먼저 가겠습니다"라는 말을 꺼내야 할까 생각하느라 점차 일에 집중하지 못하고 위까지 찌릿찌릿 아프다고 한다. 모순적이지만 주위 사람들이 자신에게 신경을 써주어서 더 퇴근하기 힘들다는 것이다.

육아휴직이나 가족돌봄휴가, 단축 근로, 탄력 근무제 역시 마찬가지다. 재택근무 역시 열심히 일하는 모습을 보여주지 못한다는 점에서 괜한 불안에 떨게 하는 제도로 여겨진다. 의식조사에 따르면 도입을 원하는 사람이 많은데 실제로 도입하면 육아휴직은 물론 다른 제도들도 이용하는 사람이 의외로 적었다. 일한 만큼 제대로 인정받지 못하는 건 아닐까 하는 불안이 제도 이용을 꺼리게 만드는 것일 테다.

다만 불안이나 압박감을 순수하게 인정 욕구만의 문제로 이해해서는 안 된다. 인정에는 유형무형의 다양한 부가가치가 따른다고 한 것을 기억하길 바란다. 회사나 상사에게 '인정받아야 해', '기대를 저버릴 순 없어'라는 마음을 갖는 배경에는 대개 더 실용적이고 이해타산적인 이유가 숨어 있다.

이를 설명하는 데 사회학자 조지 호먼스[24]와 피터 블라우[25] 등의 교환 이론을 이용할 수 있다. 교환이라고 해도 등가교환을 원칙으로 하는 경제학과는 달리 사회학에서는 장차 얻을지도 모르는 불확실하나 더욱 큰 보상을 기대하고 무언가를 먼저 주는 것에 주목한다. 앞으로 이루어질 거래에서 편의를 바라며 거래처에 명절 선물을 돌리는 행위가 흔한 예다.

마찬가지로 회사나 상사에게 미리 잘 보여 인정받으면 인사 평가나 앞으로 있을 승진, 인사이동에서 유리하지 않을까 하고 속으로 기대한다. 거꾸로 시간 외 근무를 하지 않고 먼저 퇴근하거나 휴가를 남김없이 쓰면 인사에 영향을 주지 않을까 염려하는 것이다.

즉 사회학에서 말하는 교환은 경제학의 교환과 달리 증여와 이익이 서로 등가 관계에 있지 않으며 불확실하기에, 얼마나 공헌해야 하는지 그 기준도 없다. 끝없이 일해야 하는 상황에 빠지기도 하는 것이다.

평소 시간 외 근무를 하거나 휴가 내기를 주저할 때 그 행동이 구체적으로 무엇과 연결되어 있는지 무의식적으로 외면할 것이다. 그러나 막연하게라도 이해타산이 잠재의식 안에 있음을 부정할 수는 없다.

노동자 측에서 이런 마음을 가지고 있다면 정부가 아무리 효율적인 근무 방식을 추천하고 근로시간 단축을 권장해도 효과를 크게 기대하기 어렵다. 오히려 효율적으로 일하는 게 인정으로 이어지는 구조를 마련하면 노동자로부터 저절로 근무 방식 개혁을 원할 것이다.

| 시급과 어울리지 않는 책임감 |

인정받기 위해 노력해야만 한다는 심리는 종종 과로로 이어진다. 어느 날, 문득 멈춰 서서 돌아보면 주위의 기대에 자신이 조종당하고 있음을 깨닫게 될 때가 있다. 기대에 합당한 지위나 대우를 받는 정규직에만 국한되는 일이 아니다.

비영리단체 법인인 파시POSSE의 대표이자 블랙기업대책프로젝트 공동대표를 맡고 있는 곤노 하루키는 이른바 악성 아르바이트에 한번 걸려들면 쉽게 그만두기 어려운 현실이 있다고 지적한다. 그 원인으로 일에 대한 책임감과 동료를 버릴 수 없다는 마음을 꼽았다.

나아가 일에 대한 책임감은 일종의 관리 책임으로까지 나아간다. 아르바이트 매니저는 아르바이트생 전체가 직장에 잘 적응하고 일할 수 있도록 관리한다. 이런 관리 책임은 직장이나 일 전체에 대한 책임감을 더 키우게 되고 '내가 해야만 해'라는 감정이 들게 만드는 것이다.[26]

그들은 아르바이트생이므로 아무리 중요한 일을 맡아 공헌해도 그에 상응하는 급여를 받지 못한다. 겨우 1만 원 이하의 시급과 약간의 수당을 받는 정도다. 그런데도 보수와 어울리지 않는 강한 책임감을 지니고 자신을 엄격한 규율에 가둔 채 일한다. 일그러진 자긍심이 그렇게 만드는 것이다. 그 책임감이나 자긍심의 일정 부분을 소극적인 인정 욕구가 차지하고 있다.

| 인정 욕구를 이용한 열정 착취 |

약삭빠른 고용주가 이런 점을 놓칠 리가 없다. 교육사회학자인 혼다 유키는 과로를 유발하는 한 요인으로, 일에서 자아를 실현하고자 하는 심리를 직장이 심어버리는 구조에 주목하고 이를

'열정 착취'라고 불렀다.[27]

그와 마찬가지로 인정받거나 기대를 모으며 보람을 느끼는 심리를 이용해 보수에 어울리지 않는 책임을 전가하거나 공헌을 끌어내는 것은 인정 욕구를 이용한 착취라고 불러야 한다.

이른바 블랙 기업이나 악성 아르바이트 대다수가 당근과 채찍을 섞어가며 일하는 사람의 책임감과 신뢰감에 호소하는 걸 보면 인정 욕구의 착취는 천박한 경영의 수단이 되어버렸다.

민간 기업에서만 일어나는 현상은 아니다. 2020년 도쿄 올림픽을 준비하는 위원회 측에서 기업에서 엄청난 협찬금을 받아놓고도 자원봉사자를 대거 모집했다는 비판이 일었다. 정당한 보수 없이 '올림픽이라는 국제적인 행사가 성공하는 데 도움이 되고 싶다'라는 사명감과 거기서 얻을 수 있는 자긍심만으로 일을 시킨다면 그 역시 명백한 인정 욕구 착취다. 이렇게 보면 인정 욕구를 이용한 착취가 사회에서 얼마나 뿌리 깊게 만연한지 알 수 있다.

칭찬으로써 의욕을 끌어내 생산성을 높이는 것도 착취와 종이 한 장 차이다. 무엇보다 국가와 체제의 차이를 불문하고 기업은 다양한 수단을 이용해 직원에게서 의욕과 능력을 끌어내 생산성을 높이는 데 주력해왔고 그 과정은 경영의 역사 자체라고 해도 지나치지 않다. 직원을 착취한다는 비난을 받지 않으려면 기업은 어떻게 해야 할까?

여기, 문제를 새롭게 바라보게 하는 이야기가 있다.

일본 기업에서는 최근 상사가 부하 직원을 칭찬하는 게 중요하다는 인식이 퍼졌고 이를 실천하는 기업도 늘었다. 사원 대다수는 칭찬받은 것만으로도 일에 의욕이 생겼고 다양한 효과도 거두었다.

그런데 동남아시아에 진출한 일본 기업에서 역시 현지 사원을 칭찬하는 문화를 만들자 노동자들은 임금 인상을 요구했다고 한다. "실력과 공헌을 인정했으니 임금을 올리는 게 당연하다"라는 논리였다. 일본인의 가치관에서는 뻔뻔해 보이나 냉정하게 생각하면 그들의 주장에 일리가 있다.

현지 노동자의 반응으로 알 수 있듯 중요한 점은 공헌에 대해서는 정당한 보수를 지불해야 한다는 것이다.

보람이든 인정이든 그것은 일하는 사람이 바라는 바이자 동시에 그에 따라 의욕이 커져 업무 성과가 오르면 기업 역시 이익을 얻는다. 발생한 이윤을 정당한 형태로 일한 사람에게 배분하는 게 당연하다. 기업이 경제적 이득을 얻어 놓고 일하는 사람에게는 심리적, 주관적 보상만 주고 끝내려는 것은 공정하지 않다.

| 인정 강박이 우울증으로 |

인정 욕구의 강박은 물론 일터에서만 한정된 문제가 아니다.

우울증이라는 정신 건강의 문제는 업무 관계 밖의 원인으로도 생기는데, 은둔형 외톨이도 종종 사회문제가 되고 있다. 이 또한 주위의 기대를 너무 진지하게 받아들여 부담을 느낄 때 시작되는 경우가 많다.

우울증으로 휴직한 사람들은 대상으로 실시한 연구에서는 아무리 힘든 상황에 처하더라도 맡은 바를 해내지 못하거나 주위 기대를 저버려선 안 된다는 생각이 우울증 발병과 관련이 있음다는 결론을 얻었다.[28] 또 우울증 인지 치료법으로 유명한 정신과 의사 에런 벡은 신경증 환자는 완전히 받아들이거나 전부 부정하는 극단적인 사고를 하는 경향이 있다고 지적했다.[29]

앞서 인정이 자기효능감을 높이므로 우울증을 억제할 가능성이 있다고 언급했다. 하지만 사람에 따라서는 거꾸로 인정받음으로써 우울증에 걸릴 위험성이 높아지기도 한다.

인정이 자기효능감뿐만 아니라 인지된 기대도 높이기 때문이다. 일반적으로 인지된 기대와 자기효능감의 격차가 클수록 그리고 그 격차를 강하게 인식할수록 부담감이 커진다. 우울증에 걸리기 쉬운 사람은 '기대를 저버려선 안 돼'라고 강하게 의식하기만 해도 인정이 우울증으로 이어질 위험을 키우는 것이다.

| 빚지는 일을 견디지 못하면 |

정신의학 분야에서는 최근 멜랑콜리 친화형이라는 성격이 주목받고 있다. 텔렌바흐가 내놓은 개념으로, 이런 유형은 성실하고 꼼꼼하며 질서를 존중하는 특징을 지닌다. 이러한 멜랑콜리 친화형 성격이 스트레스를 쉽게 일으킬 수 있다는 점을 통계적으로 증명한 연구가 있다.[30]

정신과 의사 시바 신타로는 멜랑콜리 친화형 우울증이라는 유형을 흥미롭게 분석한다.[31] 시바에 따르면 멜랑콜리 친화형 인간은 다른 사람에게 빚지는 일을 견디지 못한다. '빚'은 상황적인 배려일 때도 있고 빌린 돈일 때도 있다. 실제로 은행에서 대출을 받았을 뿐인데 우울증이 재발한 환자도 있다고 한다.

요컨대 '빚을 갚아야 해'라는 부담감이 멜랑콜리 친화형 우울증을 일으킨다는 얘기다. 그렇다면 다른 사람의 '기대에 부응해야 해'라는 부담감도 당연히 그에 포함될 것이다.

게다가 다른 사람의 기대는 "그 사람이라면 아무리 무리해서라도 해줄 거야"라거나 "그녀는 절대로 배신하지 않을 거야"라는 말처럼 인격이나 인간성까지 아우른다. 얼마나 노력해야 만족시킬 수 있는지 명확한 기준도 없다. 인격과 인간성에 대한 막연한 기대는 그만큼 실체가 없지만 절대적인 영향을 끼친다.

따라서 때로는 기대에 따른 부담감이 돈이나 물건 등의 빚보다 우울증을 일으킬 위험이 훨씬 더 크지 않을까. 그런 추정은 앞서 설명한 사례에서 과로사나 과로 자살한 대다수가 우울증을 앓았던 사실과도 부합한다.

주목해야 하는 점은 멜랑콜리 친화형 성격이 지극히 평범하고 일반적인 사람에게서 많이 보이는 성격이자 보통은 좋은 사람으로 평가를 받고 있다는 것이다.

| 모든 상황을 자신의 문제로 받아들이는 사람 |

은둔형 외톨이에 관해 수많은 실태 조사를 한 사회학자 이데 소헤이는 고등학교에 들어가기 전에 은둔형 외톨이가 된 사례를 통해 그 이유를 다음과 같이 설명한다.

우선 집에 틀어박혀 나오지 않게 되는 사람은 사회에서 일탈한 반체제적 유형이 아니라 누구보다 일탈을 싫어하는 경향을 보인다. 학교에 꼬박꼬박 출석해 수업을 받고 숙제도 잘해간다. 그 때문에 "학교에 가지 않아도 돼", "성적이 나빠도 괜찮아"라는 대안이 쓸모가 없다. 오히려 자기 자신에 대한 높은 기준이 은둔형 외톨이를 낳는다고 이데 소헤이는 해석한다.[32]

앞서 설명한 과로 자살한 사람의 특징과 매우 유사하다. 자신의 행동 기준을 낮추지 못하는 것이다. 그리하여 자신에 대한 주위의 평가가 높아지거나 기대가 커지면 고스란히 스트레스로 이어져 자신을 궁지로 몰아간다.

번아웃의 경우는 어떨까. 번아웃이란 일이나 활동 등에 지나치게 매달린 사람이 에너지가 다 소진된 듯 의욕을 잃어버리는 현상을 말한다. 번아웃 연구자인 구보 마사토는 자아 관여가 높은 사람이 번아웃 상태에 빠지기 쉽다고 말한다.[33]

번아웃 문제가 빈번하게 일어나는 그룹은 간호사나 교사처럼 대인 서비스 직종에 종사하는 사람들이다. 환자나 아동, 학생은 그들에게 자주 의지하고 감사를 표한다. 그러므로 자아 관여가 높은 사람, 즉 모든 상황을 자신의 문제로 쉽게 받아들이는 사람일수록 기대에 응하고 싶고 신뢰를 저버리지 않겠다는 의식이 강하게 작용한다.

그러면 기어이 무리하게 되거나 바라던 결과가 나오지 않았을 때 크게 낙담한다. '마음을 다해 최대한 노력했는데 실패했다. 나는 왜 이렇게 무력할까'라고 생각하는 것이다.

지금까지 과로사와 과로 자살에서 시작해 우울증과 은둔형 외톨이, 번아웃까지 이런 문제에 빠지기 쉬운 사람의 특징을 살펴봤다. 공통점은 외부의 기대에 영향을 받고 자신의 행동 기준을 쉽게 낮추지 못한다는 것이었다. 속된 말로 약지 못한 사람, 생각과 행동이 가볍지 않은 사람이 위험하다는 말이다.

이 같은 특징은 정도의 차이는 있어도 대부분의 사람들이 가지고 있다. 주위의 인정에 따라 인지된 기대가 너무 높으면 누구나 같은 상황에 쫓길 가능성이 있음을 잊어선 안 된다. 다만 큰 기대를 받더라도 그것만으로 인정 욕구에 대한 강박에 빠지는 것은 아니다. 강박을 일으키려면 다른 요소도 관여해야 한다.

| 인정 욕구의 강박을 일으키는 세 가지 요소 |

실제로 인정 욕구에 대한 강박을 일으키는 것이 무엇인지, 그 강도는 어떻게 결정되는지를 이야기하려 한다.

이제까지 인지된 기대가 부담감이 되어 강박을 일으키는 과정을 살펴봤다. 그러나 기대가 크더라도 그것만으로 강박에 빠지지는 않는다. 기대에 쉽게 부응한다면 부담감을 느끼지 않을 테니 말이다.

기대에 부응할 수 있느냐 아니냐는 자기 능력에 얼마나 자신이 있는지 혹은 부응하려는 의사가 있는지에도 달려 있다. 전자가 이른바 자기효능감이다. 다른 조건이 같다면 자기효능감이 낮을 수록 부담감을 강하게 느낄 것이다.

따라서 앞서 잠깐 언급한 대로 인지된 기대와 자기효능감의 격차가 부담감의 크기를 좌우한다. 그러나 둘 사이의 격차가 클 때, 즉 큰 기대에 부응할 자신이 없을 때라도 기대에 부응할 의사가 있는지 없는지에 따라 부담감은 달라진다.

이를테면 앞서 소개한 마라톤 선수 쓰부라야의 경우 인지된 높은 기대와 낮아진 자기효능감, 그 엄청난 격차에서 도망칠 수 없는 자신이라는 조건이 겹쳐져 자살이라는 최악의 결과에 다다르고 말았다.

반대로 격차가 커도 자신에게 그리 중요한 문제가 아니라면 부담감은 적다. 보통의 경우, 학업이나 일이 아닌 놀이나 취미에서는 스스로의 기대에 부응하지 못하더라도 크게 신경 쓰지는 않을 것이다. 이처럼 부담감을 결정하는 요소에는 문제의 중요성도 있다.

따라서 '인지된 기대', '자기효능감', '문제의 중요성'을 강박의 세 가지 요소로 부를 수 있다. 인정 욕구에 대한 강박 정도를 공식화하면 다음과 같다.

(인지된 기대-자기효능감)×문제의 중요성=부담감의 크기

가령 인지된 기대의 크기가 10, 자기효능감이 6일 때 그 격차는 4다. 그게 본인에게 중요한 문제일 때 부담감은 두 배면 8, 세 배면 12가 된다. 반대로 중요한 문제가 아닐 때 부담감은 반이면 2, 반의반이면 1로 떨어진다.

위의 내용을 염두에 두고 우선 인지된 기대와 자기효능감의 격차가 벌어졌을 때 어떤 위험이 기다리고 있는지 살펴보자.

Chapter 8

늘 노력하는 사람이 마주하는
세 가지 불행

| 사회에서 좌절하는 모범생들 |

어느 날, 지인이 아들에 관한 고민을 털어놓았다.

어릴 때부터 공부를 잘했다는 아들은 유명 국립대 공학과를 졸업하고 대기업에 취직했다. 제품을 개발하는 엔지니어로 순조롭게 경력을 쌓아나갔는데 몇 개월 전 개발팀에서 핵심 역할을 맡게 되면서 갑자기 슬럼프에 빠졌다. 퇴근해도 가족들과 제대로 이야기도 나누지 않고 회사도 종종 빠지더니 결국은 퇴사하고 말왔다. 한참이 지나서야 아들은 아무리 노력해도 실적이 나오질 않고 후배들도 그를 따르지 않는 좌절을 털어놓았다고 한다.

기업 인사 담당자들은 최근 고학력의 젊은 사원이 퇴사하는 일이 눈에 띄게 늘었다고 입을 모은다.

왜 좌절하는 인재가 늘어날까. 결론부터 말하자면 인재, 엘리트야말로 인정 욕구에 대한 강박의 최대 희생자이자 가해자가 되기도 한다. 그들은 이미 세 가지 불행을 짊어지고 있기 때문이다.

첫 번째 불행은 말할 것도 없이 기대 자체가 크다는 점이다.

대기업이나 주요 정부 기관에 취직한 인재들은 대부분이 명문대 졸업했거나 고시 수준의 입사 시험을 뚫고 채용된 사람들이다. 주위에서는 그들을 우수한 사람으로 평가하고 당연히 일을 잘하리라 생각한다. 그만큼 기대치가 높은 것이다.

본인 역시 어릴 때부터 모범생으로 여겨져왔고 시험에서도 좋은 성적을 거두어왔기에 자신이 우수하다고 믿어 의심치 않는다. 이른바 엘리트 의식이다.

주위의 기대에도 내내 부응해왔다. 대기업이나 관공서에 들어가서도 신입일 때는 연수나 업무 모두 이론을 배우거나 외우는 일이 중심이고 실무도 비교적 일정하다. 즉 답이 정해져 있는 업무가 대부분이다. 따라서 그들의 특기인 수험 수재형 능력을 충분히 발휘할 수 있다. 실제로 채용 후 2~3년 동안은 수험 수재가 직장에서도 그대로 높은 평가를 받는 편이다.

시간이 지나면서 서서히 중요한 일을 맡게 되어, 대표로 협의에 나서거나 후배를 이끌어야 하는 경우가 늘어난다.

그러다 보면 전처럼 일이 매끄럽게 진행되지 않기도 한다. 당연한 일이지만 학력이 자신보다 높지 않은 사람보다 평가가 떨어질 때도 발생한다. 그래도 그들은 여전히 자신의 우수함을 의심하지 않는다. 평가가 낮은 이유는 자신을 제대로 활용하지 못하는 회사와 상사에게 문제가 있기 때문이라는 식으로 생각하는 일이 흔하다.

마침내 책임을 지는 지위에 올라 더 중요한 일을 맡았을 때 그들의 진가가 시험받는다. 거기서 요구되는 능력은 학교 시험에서 발휘되는 능력과는 전혀 다른 것이다. 만약 그럴 때 생각처럼 결과가 나오지 않으면 주위도, 자신도 낙담할 수밖에 없다. 이런 사례는 생각보다 적지 않다.

| 학력과 업무 능력의 격차 |

"학교 공부를 잘하는 것과 일을 잘하는 건 다른 문제야"라는 말이 있다. 그래도 전에는 상당히 수준 높은 업무에서도 수험 수재가 두각을 드러냈다. 풍부한 지식이 있다면, 답이 정해진 문제를 푸는 능력을 갖추었다면, 상당수의 일은 무리 없이 해낼 수 있었다. 그들의 성실함과 근면함은 오롯이 성과로 이어졌다.

시대가 바뀌면서 상황이 크게 변했다. 가치의 원천이 하드웨어에서 소프트웨어로 옮겨지며 정형적인 업무나 지식만 응용하면 되는 일은 국내외로 아웃소싱하고 있고, IT Information Technology(정보통신기술)나 IoT Internet of Things(사물인터넷)가 보급되며 이론적인 사고력과 문제 해결 능력에서조차 인간을 대신하는 기술이 늘어나고 있다. 수험 수재가 자랑스러워했던 능력이 완전히 경쟁력을 잃은 것이다.

주목해야 할 조사 결과가 미국에서 발표되었다. 엔지니어가 기술적 면접을 하는 '인터뷰잉io'라는 플랫폼에서 학력과 기술적 능력 사이에 관련성이 있는지를 조사한 것이다. 대학을 순위에 따라 4개 그룹으로 나누고 각각의 기술적 능력의 득점 분포를 비교한 결과 대학 순위와 기술적 능력 사이에는 통계적인 차이가 없는 것으로 나타났다. 당연한 결과처럼 느껴질 수도 있지만 결국 지금 시대의 사회에서 요구되는 바는 학력보다 감각과 아이디어, 직감, 감성과 그것들을 결합하는 독창성과 창의성 혹은 개성이라는 능력과 자질이다.

그런 능력과 자질은 모호한 데다가, 발휘되는 과정도 명확히 규정할 수 없다. 그러므로 기술이 대신하기도 어렵고 교육을 통해 익히기도 어렵다. 교육사회학자 혼다 유키는 개성과 독창성, 인간관계 등을 '포스트 모더니즘 능력'이라고 부르고, 어떻게 형성하는지 알 길이 없는 그 능력을 요구하는 초실력주의, 하이퍼 메리토크라시Hypermeritocracy화가 진행되고 있다고 지적했다.[34]

학교 공부나 수험 등에서는 자기효능감이 높은데 일에서는 처음부터 자기효능감이 낮은 사람도 있다. 그들은 객관적으로 자기 실력을 인식하기 때문에 갑자기 자신감을 잃고 추락하는 일은 드물다.

물론 고학력인 데다가 일도 잘하는 사람도 당연히 많다. 그러나 전체적으로 보면 학력과 업무 능력의 상관관계는 줄어들고 있고 그것은 곧 기대와 실력의 격차가 벌어진다는 사실을 의미한다. 노력하는 사람들에게 닥친 두 번째 불행이자 가장 큰 불행이다.

| 실망시키지 못하고 포기하지 못하는 이유 |

세 번째 불행은 그들이 기대치를 낮추지 못하는 점이다. 그러

121

지 못하는 몇 가지 이유가 있다.

우선 지금 좋은 대우를 받고 있다는 점을 꼽을 수 있다. 대기업이든 주요 정부 기관에서든 최고의 급여나 복리 후생을 받고 있어서 무난하게만 일하면 정년까지 고용이 보장되고 나름의 지위도 얻을 수 있다. 그 때문에 대부분은 훌륭한 조건을 잃고 싶지 않아 한다.

또 그들은 어릴 때부터 공부나 수험 그리고 취직에서까지 부모나 교사 등 주위 사람들의 기대를 만족시켜왔다. 노력이 반드시 열매를 맺어본 경험이 충분히 있는 것이다. 그런데 실제 사회의 일은 노력이 반드시 성과로 이어질 만큼 단순하지 않다. 성과를 올리는 방법 자체가 확립되어 있지 않고, 불확실한 요소나 부조리한 일들에 성과가 좌우되는 경우가 많다. 그런 환경에서 살아남아야 했던 적이 없는 그들은 노력이 성과로 이어지지 않는 사태에 직면했을 때 당황하고 만다. 주위 사람들이 실망하는 일, 즉 기대를 낮추는 데 익숙하지 않기 때문이다.

게다가 그들 대다수는 어릴 때부터 일상적인 행복을 희생하고 공부에 몰두했으며 학력만을 자랑으로 여겨왔다. 바꿔 말하면 학력 외에는 달리 자랑스러운 것도, 자신 있게 내세울 것도 없는 셈이다. 그렇게 성취한 학력이 더 이상 통용되지 않는다는 걸 깨닫게 되면 그런 현실을 받아들이지 못한 채 방황하고 스스로를 궁지로 몰고 간다.

　더 성가신 문제는 어릴 때부터 공부로 성공 경험을 쌓아온 그들은 자존심이 강하다는 것이다. 그게 '기대 낮추기'를 방해한다. 산업 의사 오무로 마사시도, 덴쓰의 다카하시 마쓰리 씨가 자살한 배경을 이렇게 분석했다. "고학력으로 순조롭게 경력을 쌓아온 사람은 그만두어버리기나 사람들 앞에서 포기하는 선택을 무의식적으로 피합니다. 멈추지 않고 끈기 있게 밀고 나가 성공했던 경험이 '포기'라는 선택지를 고르는 걸 망설이게 했으리라고 충분히 생각할 수 있습니다."

　덴쓰 사건의 경우, 그렇다고 해도 회사의 책임이 가벼워지는 것은 절대 아니다. 하지만 그녀에게는 고학력 우등생이었던 배경이 오히려 재앙이 되었을지도 모른다. 이처럼 인재 중에는 자신의 능력을 넘어서는 기대를 스스로 끌어내리지 못하는 사람이 많다. 기대에 부응하지 못하면 자기효능감은 더 떨어지고, 인지된 기대와 자기효능감의 격차는 점점 크게 벌어지는 악순환에 빠지기 쉽다.

　이미 설명한 바와 같이 우울증이나 은둔형 외톨이가 되기 쉬운 사람, 과로 자살에 몰리는 사람에게는 주위의 기대를 줄이지 못하는 경향이 엿보인다. 이른바 엘리트의 경우 그에 더해 기대 자체가 커서 기대라는 짐을 내려놓기가 더 어렵고, 자신만의 관점

에 매몰되면 인정 욕구에 대한 강박에서 벗어나기는 한층 어려워
진다. 그리고 그 부담감의 배출구가 외부로 향할 때 이따금 큰 사
회문제를 일으킨다.

Chapter 9

열심히 살수록
인정 욕구에 집착한다

| 조직을 방패로 이용한 개인의 범죄 |

기업 부정행위라고 하면 조직이 일으킨 부정행위라는 생각이
들기 마련이다. 일본경제이론을 전공한 이나바 요지의 분석에
따르면 147건의 부정행위 중 73퍼센트가 조직적이었고 개인적
인 것은 27퍼센트에 불과했다.[35] 헌데 조직적인 범죄는 말 그대
로 조직의 의사에 따라, 혹은 조직을 지키기 위해 벌어진 범죄처
럼 보여도, 실제로는 조직을 이용해 개인의 이익을 추구한 경우

가 적지 않다.

다만 개인의 이익이라고 해도 금전적인 이익에 국한되는 건 아니다. 경제적으로 풍요로운 시대인 만큼 오히려 명예나 지위를 지키려고 저지르는 범죄가 늘어나는 추세다. 영국의 유명 비평가이자 소설가인 콜린 윌슨도 현대의 범죄가 매슬로가 말하는 하위 욕구에서 상위에 있는 자존의 욕구와 관련된 쪽으로 이동하고 있다고 지적했다.[36] 경제적으로 풍족한 편이라면 그런 경향이 더욱 강할 것이다.

| 소극적인 인정 욕구가 불러오는 집착 |

사람은 강박에 매여 조종당한다. 정신을 차려보니 불법을 저지르고 있을 때도 있고 위법인 줄 알면서도 어쩔 수 없이 법을 어기는 사람도 있다. 주위의 높은 기대 그리고 비교적 낮은 일에서의 자기효능감(일에 대한 자신감). 둘 사이의 격차를 메울 방법을 모르는 사람들 중에는 인정 욕구의 강박에서 도망치지 못하고 있다.

오랜 세월 교정 시설에서 법무 공직자로 근무한 경험이 있고 일본범죄심리학협회 회장을 역임한 니타 겐이치가 범죄로 치닫는 엘리트의 동기를 설명했는데 조금 길지만 소개하겠다.[37] 지금

시대에는 부적절한 표현도 포함되어 있으나 취지를 지키기 위해 그대로 소개하니 양해 바란다.

업무상 범죄는 현재 상태에 안주하거나 더 높은 곳으로 올라가기를 열망하는 사람보다 떨어질까 두려운 사람이 저지르는 경우가 압도적으로 많다. 그들의 범죄 동기에는 실패에 대한 공포가 가장 중요한 의미를 지닌다. 사업이 부진하거나 일이 원활하지 못해 신분이나 지위 상실, 세간의 평판 저하, 가족의 생활 불안, 생활 수준 급락 등 지금까지 누리던 유형무형의 자산을 잃고 싶지 않다는 퇴행 불안에 시달리다가, 위험 부담에 따른 손실은 외면한 채 일탈에 나서는 것이다. 합법과 비합법의 경계가 흐려진 현대사회에서 분별력을 잃고 상식을 벗어난 사람들에게 그 경계를 넘는 일쯤이야 아무것도 아니다.

이와는 또 다른 기제로, 실패에 대한 공포는 조직적인 범죄자에게도 찾아온다. 인간의 심리에는 새로운 걸 얻을 수 있을지 없을지에 대한 불안보다 이미 얻은 것을 지킬 수 있을지에 대한 불안이 훨씬 크다. 따라서 이미 많은 걸 가지고 있으면서도 더 높이 올라가고 싶어 하는 사람은 실패와 상실에 대한 불안이 더욱 크다. 상사의 평가가 낮아져 지금의 자리를 잃는 건 아닐까, 그 결과로 자존감에 상처를 입어 평온하고 행복한 사생활에 지장이 생기지 않을까. 그런 불안이 달성 욕구와 서로 부딪히며 내면으로부터 그를 위협한다. 기업 경영자의 경우, 애써 쌓아 올린 사업의 붕괴를 두려워한 나머지 위법행위를 저지르는 경우가 자주 있다.

니타는 구체적인 예로 혈액제제 관련 HIV 감염소송사건을 꼽는다. 1980년대 후반, 혈우병 환자를 중심으로 HIV가 섞인 비가열 혈액제제 수혈로 다수의 에이즈 환자가 발생해 500명 넘게 사망한 일이 있었다.

이 사건으로 담당 환자에게 비가열 제제를 투여한 데 대해 후생성 에이즈 연구팀 리더였던 데이쿄대학 부학장 아베 다케시가 제약회사인 미도리주지의 역대 사장, 후생성 과장과 함께 업무상 과실치사 혐의로 체포, 기소되었다. 재판에서는 비가열 제제의 위험성을 예측했는지를 놓고 다툼이 벌어졌는데 아베는 1심에서 무죄를 선고받았다. 검찰이 항소했으나 아베가 인지증 등을 앓고 있다는 이유로 공판 절차가 중단되었고 그는 2005년에 88세로 세상을 떠났다.

이 사건에서 니타는 책임 소재와 별도로 아베 개인에게 주목한다.

아베는 일본에서 에이즈 1호 환자를 발견하며 명성을 얻었는데 권위자가 되기까지 그는 도쿄대학병원에서 혈우병을 연구하면서 50세가 넘도록 무급 보조로 일했다. 당시 아베는 양심적인 의사로 환자 가족에게 존경을 받았다고 한다.

그런데 염원했던 명예와 지위를 손에 쥐었고 이 사건이 발생했다. 그가 지금까지 애써 확립한 권위와 권익이 손상될까 불안하고 초조했던 그는 환자를 생각하기보다 끝까지 자신의 학술적인 이론만 고집했다.

더 인정받고 싶고 주목받고 싶다는 적극적인 인정 욕구보다 일단 얻은 평가와 평판을 잃고 싶지 않다는 소극적인 인정 욕구가 강한 집착을 불러오는 것이다. 특히 고생 끝에 얻어낸 평가와 평판일수록 집착도 강해지기에 종종 기존에 고수하던 정의감이나 윤리관조차 흔들리게 된다.

| 똑똑한 사람들의 굴절된 인정 욕구 |

요즘 들어 재무성과 문부과학성 공무원들의 부정이 이어지면서 비난의 화살을 맞고 있다. 그것은 어떤 의미에서 엘리트의 굴절된 인정 욕구를 상징한다.

우선 국가 공무원의 부정이 어떤 배경에서 일어나는지 살펴보자. 과거 공무원의 모습을 짐작해보기에 적합한 소설이 있다. 시로야마 사부로 작가가 실제 공무원을 모델로 쓴『관료들의 여름』이다.[38] 소설에서는 국가 경제 정책과 관료 인사에 관해 거시적인 안목으로 토론하는 통상산업성(현재의 경제산업성―옮긴이) 공무원들의 모습이 그려진다. 소설 속 등장인물처럼 당시 공무원들에게서는 자신이 국가를 움직인다는 자부심과 기개가 느껴졌다. 좋든 나쁘든 진정한 의미에서의 엘리트 의식이 있었다.

그런데 최근 중앙관청 공무원들의 이야기를 들어보면 '국가가 제대로 작동하는 데 일조한다'라는 책임감은 사라진 지 오래다. 그저 안정적인 직업이라서, 퇴근 후에 개인 시간이 보장되기 때문에 선택했다고 그들은 당당하게 얘기한다. 그들과 만날 기회가 많은 지자체나 기업, 업계 단체 등 관련자들이 하는 소리도 매한가지라서, 공무원에게서 예전과 같은 존엄이 느껴지지 않는다고 한다. 그만큼 공무원이 그저 밥벌이 중 하나로 인식되고 있다고 할 수 있다.

그 이유로는 이른바 정치 주도와 내각 인사국 설치 등으로 공무원에게 주어지는 실질적인 권한이 축소되고 제한된 점, 지방분권화로 지자체에 미치는 영향력이 줄어든 점 등이 원인일 것이다.

| 커지는 기대와 정체된 능력 사이 |

그에 덧붙여 또 다른 요인으로 역시 앞서 서술한 자기효능감의 저하를 꼽을 수 있지 않을까.

예전에는 학력만이 아니라 다른 능력도 뛰어난 최고의 인재가 대장성(현재의 재무성—옮긴이)을 정점으로 한 당시의 관료 세계에 모여들었다. 그런데 최근에는 그런 인재 가운데 상당수가 외국계 금융기관이나 싱크탱크, IT나 소프트웨어 관련 스타트업 기업 등에 취직하거나 창업에 뛰어든다.

업무 내용도 크게 달라졌다. 정보화 등으로 업무 내용과 일에 필요한 요소가 달라져 수험 수재형 능력이 공무원 세계에서 통용되지 않는다. 비영리단체나 민간 기업 등과 경쟁하는 일도 늘어나 공적 업무라고 해서 더는 관료들의 독무대가 아니다.

그러니 업무 측면에서의 자기효능감, 쉽게 말하면 일을 수행하

는 능력에 대한 자신감은 떨어지는 한편 나이를 먹고 근속 기간
이 쌓여갈수록 받는 기대는 점점 커진다.

원래 기대는 실력 향상과 같이 높아지는데 연공서열에 따른 직
급 체계에서는 실력과 거의 관련 없이 기대만 높아진다. 연공서
열은 경험에 따라 일의 능력도 당연히 높아진다는 걸 전제로 성
립되었기 때문이다. 문제는 업무 내용과 요구되는 능력이 예전과
달라졌음에도 불구하고 그 전제가 수정되지 않은 데 있다.

| 평가와 평판에 민감할 수밖에 없는 직장인 |

이 같은 부조리와 모순이 표면에 드러나지 않도록 지켜주는 게
관료 조직이다.

관공서 안에서는 외부와의 경쟁에 직접 노출되지 않으므로 자
기효능감 저하는 피할 수 있다. 즉 인지된 기대와 자기효능감의
격차를 느끼지 않고 지낼 수 있다. 뒤집어 말하면 관료는 조직에
그만큼 의존한다는 뜻이다. 앞서 설명한 인정 욕구의 강박과 관
련한 세 가지 요소 중 세 번째인 문제의 중요성이 더 커진다고 볼
수 있다. 그 결과 그들의 관심은 자연스럽게 조직 안으로 향한다.

사회학에서는 개인의 가치관이나 태도·행동의 기준이 되는 집

단을 준거집단이라고 하는데 그들의 준거집단이 국가나 사회라는 큰 세계에서 자신이 속한 조직, 구체적으로는 관청이나 부서라는 작은 세계로 옮겨졌다고 할 수 있다.

그럼 그들의 준거집단이자 그들의 지위와 평가를 지켜주는 관료 조직은 어떠한가. 관공서에서는 대졸자를 일괄 채용하는 게 일반적이라 경력직 채용이나 중간 전출이 드물다. 일단 공무원 신분을 얻으면 지위와 신분, 보수가 보장되고 각종 복리 후생 혜택도 받는다. 또 일본의 조직 특징으로 개인의 권한과 책임이 불명확해하고 집단 단위로 하는 일이 많다.

자연스럽게 인간관계가 농밀해지는 환경이다. 일상적으로 이루어지는 교류로 서로의 성격이나 사고방식을 알게 되고 누가 언제 입사했고 대학에서 무슨 과를 나왔고 성적은 어땠으며 언제 과장이 되었는지 누구 눈에 들었는지 같은 가까운 동료 정보까지 파악하게 된다.

이처럼 관공서 조직은 일종의 공동체적 성격이 강하다. 원래 공동체는 가족이나 과거 농촌처럼 이해나 타산을 뛰어넘어 맺어지는 영속적인 집단인데 관공서에는 그와 유사한 특징이 남아 있는 것이다. 생각해보면 이런 특성은 비단 공무원 사회에만 적용되는 것이 아니라 일반 기업에서도 동일하게 찾아볼 수 있다.

게다가 조직 안에서 출세해 높은 자리에 오를수록 자신을 평가할 수 있는 사람은 더 줄어든다. 요컨대 거의 모든 직원들에게는 소속된 조직만이 유일한 안식처이며 자신의 지위를 평가하거나 자긍심을 지키기 위해서는 무슨 일이 있더라도 윗사람의 기대에 부응해야만 하는 처지인 것이다.

| 미리 짐작하고 배려함으로써 얻으려는 인정 |

커다란 정치적 혼란을 일으키며 세상을 떠들썩하게 했던 모리토모와 가케 문제, 이른바 '모리가케' 문제에는 이런 관료의 처지와 행동 양식이 깊이 관여되어 있다.

학교법인 모리토모에 국유지를 매각한 문제를 둘러싸고 결재 문서가 수정된 건과 관련해, 당시 재무성 재무관리국장이었던 사가와 노부히사가 문서에서 총리와 총리 부인의 이름이 기록된 부분을 삭제하라고 지시했다고 한다. 야당에서는 총리나 관저가 수정을 지시한 게 아니냐고 추궁했는데 국회에서 열린 증인 신문에서 사가와 씨는 위에서 받은 지시는 없었다며 "당시 담당 국장으로서 모든 책임은 제게 있습니다"라고 증언했다.

한편 국가전략특구를 이용한 학교법인 가케학원의 수의학부

설치를 둘러싸고는 가케 코타로 이사장과 개인적인 친분이 있던 아베 총리의 의향이 개입한 게 아니냐는 지적이 있었다. 하지만 여기서도 당시 총리 비서관이었던 야나세 타다오 씨는 가케학원 관계자와 총리 관저에서 면담한 사실은 인정했지만, 총리가 지시한 바는 없었다고 주장했다.

두 사건 모두 정확한 진위는 알 수 없으나 관저 측의 명확한 지시가 없었더라도 그들이 자발적으로 총리와 대신의 입장을 고려해 행동했을 가능성도 충분하다. 아니, 동기를 생각하면 그렇게 생각하는 쪽이 더 타당할 것이다. 흔히 윗사람의 손을 더럽히지 않고 그들의 처지나 의중을 눈치껏 파악해 행동할 수 있는지로 능력 평가가 결정되기 때문이다. 즉 미루어 짐작하는 것이야말로 유능함, 신뢰의 증거인 것이다.

이는 관료라는 좁은 영역에만 적용되는 건 아니다. 각지의 관공서나 경찰 등에서 비리가 일어날 때마다 실감하는 것은 부정을 저지른 배경의 동기가 놀라우리만치 비슷하다는 점이다. 직원이 일으킨 사고나 범죄 은폐, 데이터의 축소 보고 같은 문제 대부분은 상사의 의중을 미리 살핀 부하 직원의 행동에서 비롯되거나 조직이나 동료에 대한 배려 때문에 일어난다. 그들은 미리 짐작하고 배려함으로써 인정받으려고 했던 것이었다.

앞서 인정이 부정을 막는 효과가 있다고 했다. 인정받으면 직업적 자존감이 높아져 위반하려는 힘을 억제하기 때문이다. 하지만 소개한 사례에서 알 수 있듯 인정의 강박에 사로잡히면 부정을 일으키기 쉽다. 이 모순을 어떻게 설명할 수 있을까.

그 대답은 앞에서 설명한 우울증, 은둔형 외톨이, 번아웃에 대해 말한 바와 같다. 인정받으면 자존감이 높아져 확실히 일에 대한 긍지도 생긴다. 그런 점에서는 인정이 부정을 막는 방향으로 작동할 것이다. 그러나 한편으로 인정받으면 기대에 따르는 중압감도 커진다.

부하가 상사에게 높은 평가를 받아 전폭적인 신뢰를 얻었다고 해보자. 부하는 신뢰와 규칙 사이에서 갈등하다가 이를테면 규칙을 어기거나 죄를 짓는 위험을 감수하더라도 자신에게 쏟아진 큰 기대에 부응하려고 할지 모른다. 언론이나 여론의 비판은 받더라도 공동체 안에서는 동정을 받아 '순직'처럼 취급되기도 한다.

게다가 의리나 충성을 중시하는 조직 문화 속에서는 가령 규칙을 깨고 제재를 당하더라도 자존심은 크게 상처 입지 않는다. 오히려 충성을 다하고 조직을 지켰다며 자랑스러워할지도 모른다.

| 기업의 비리도 인정 욕구에서 시작된다 |

지금까지 주로 관료 사회에 관해 이야기했지만 '공'과 '사', '관'
과 '민'의 차이는 있을지언정 대다수의 경우는 민간 기업, 특히 전
통적인 대기업에도 적용할 수 있다.

전통적인 대기업에는 현재도, 이른바 '학력 필터'라는 게 존재
한다. 일정 수준이 넘는 대학 졸업생만 채용하는 관행이 남아 있
는 것이다. 그걸 통과한 수험 수재형 인재만 채용하고 채용된 후
에는 공동체형 조직의 구성원으로 연공서열, 종신고용이라는 큰
틀에서 대우한다. "연공서열, 종신고용은 이미 끝났다"라는 얘기
도 많지만, 적어도 대기업의 핵심 부분에서는 여전히 제도의 골
격이 유지되고 있고 통계 데이터를 봐도 연공서열형 임금 곡선과
근속 연수에는 큰 변화가 없다.

관료 세계와 달리 경쟁 원리 속에 놓인 민간 기업에서는 앞서
말한 기대와 실력 사이의 격차가 적을 듯하지만, 직장이라는 측
면에서 보면 전통적인 대기업이라 하더라도 관료 세계와 별 차이
가 없는 것이 현실이다. 나이나 연차와 함께 높아지는 주위의 기
대와 그를 따라가지 못하는 일에 대한 자기효능감이 존재한다.
한편으로는 원래 시장이나 기업 간 경쟁으로 촉발될 부담감이 있
지만 그걸 공동체형 조직이 지켜준다는 구도가 있다.

차이는 조금 있을지라도 공무원이든 직장인이든 사정은 크게 다르지 않을 것이다. 기업 부정을 일으키는 사원도 앞에서 설명한 공무원의 경우와 마찬가지로 인정 욕구의 강박에 빠져 있다.

이번에는 조금 다른 각도에서 기업 비리의 배경을 살펴보자.

도시바는 2008년부터 7년에 걸쳐 경영 위기를 숨기기 위해 부정하게 회계 처리를 했다. 2015년에 그런 사실이 발각되며 기업의 생명이라고 할 수 있는 신뢰마저 잃었고 결국 경영진 퇴진이라는 궁지에 몰렸다. 회계 부정을 저지른 배경으로 경영진이 높은 수익 목표를 설정하고 도전이라는 이름으로 목표 달성을 강하게 밀어붙인 점이 지적되기도 했다.

또 2017년에는 고베제강소에서 검사 데이터 조작 사건이 일어났고, 닛산자동차에서 무자격 사원이 검사를 진행한 사실까지 연이어 발각되어 높은 품질을 자랑해온 일본 제조업 전반이 흔들렸다. 두 회사의 부정에서도 촉박한 납품 기한과 비용을 최대한 낮춰서 거래해야 한다는 중압감이 배경으로 지적되었다. 같은 부정이 다른 제조업체에서도 속속 발각되었다.

이런 부정의 공통점은 부정을 저질러야만 했을 정도로 위에서 압력이 내려왔다는 점과 부정이 장기간에 걸쳐 이어졌다는 점이다. 이는 부정을 낳는 조직의 구조와 풍토를 분석할 때 살펴볼 중요한 지점이자 동시에 부정을 저지르는 개인의 심리 상태를 헤아리기 위해서도 제대로 파악해야 할 부분이다.

| 직원 전체가 인정 욕구의 강박에 빠졌을 때 |

중압감은 외적인 요소로 다뤄질 때가 많다. 그러나 중압감을 느끼고 행동으로 옮기는 건 개인이라는 점을 놓쳐선 안 된다. 중압감을 느꼈을지라도 부정을 저지르지 않는 선택지도 분명 존재한다. 부정에 손을 대지 않더라도 회사에서 해고되거나 생활이 위기에 빠질 위험이 없었을지도 모른다.

한편 부정을 저지른 사원은 "업무 목표치가 너무 높아서……"라고 종종 변명한다. 물론 개인 목표치를 달성하지 못하면 인사 평가에 영향을 주고 상여금이 줄어들 때도 있다. 그러나 뒤집어 말하면 불이익은 그 정도일 뿐이고 잘리는 것은 아니다. 최근에는 기업 윤리를 철저히 지킨다는 취지에서 개인 달성 기준을 폐지하고 팀으로 달성 목표를 바꾸는 곳도 늘어나고 있다.

그러니까 위에서 압력을 가한다고 하더라도, 할당이나 목표를 달성하지 못했다고 해도 잃는 것은 기껏해야 상사나 회사 내부의 암묵적인 신뢰나 평가다. 물론 이 또한 가볍게 넘길 수 있는 일은 아니다. 특히 일본의 경우 앞서 설명한 대로 회사 조직이 공동체 같은 성질을 지니고 있으므로 그 안에서의 신뢰와 평가는 본인의 인격적인 존엄에까지 관여한다.

또 한 가지 중요한 점이 있다. 부정이 오랫동안 이어졌다는 사실은 조직의 수많은 사람이 인정 욕구의 강박에 빠져 있음을 증명한다. 아마도 부정을 거부하는 사람들이 있었다면 적어도 관행으로 고착되지는 않았을 것이다. 그 점으로 미루어 직접 부정을 저질렀는지 그러지 않았는지를 떠나 대다수 직원이 강박에 빠져 있음을 알 수 있다.

부정이 있는데도 못 본 척하거나 적극적으로 조사하지 않은 경영자 역시 사원과 마찬가지로, 어쩌면 그보다 더 강력한 강박에 얽매여 있음을 예측할 수 있다.

이와 관련해 『기업의 부정은 왜 일어나는가』의 저자 이나바는 이사 대다수가 사내 이사이고 무엇보다 말단에서부터 올라온 사람들이므로 상사가 추진해온 프로젝트를 부정하는 일은 불가능에 가깝다고 설명한다.

참고로 회계 부정을 저지른 도시바의 경우, 부정을 감시해야 하는 감사부가 있었지만 제대로 기능하지 못했다. 저널리스트인 오시카 야스아키는 그 이유를 "각 부서마다 경력 쌓기 차원으로 감사부에 사람을 배치하는 관행이 있다"라고 제삼자위원회가 지적한 점을 바탕으로 "그들은 부서 내에서 자신의 승진을 고려해 각 부서 최고 책임자의 의향에 반하는 바를 지적할 수 없었다"라고 분석했다.[39]

그렇다면 경영진의 폭주와 잘못을 감시하는 일은 노동조합에 기대할 수밖에 없다. 그러나 원래는 기업과 대치해야 하는 노동조합의 간부 자리도 실상 임원이 되기 위한 등용문이 되거나 나중에 기업 조합의 조직 지도자가 되어 지방이나 국회의원이 되는 엘리트 코스라고 여겨진다. '그 나물에 그 밥'인 셈이다.

요컨대 이사와 노동조합 간부는 일반 사원보다 기업의 부정을 더욱 철저히 감시해야 할 책임이 있음에도 이미 커다란 인정을 얻어봤기에 도리어 일반 사원보다 인정 욕구의 강박에서 벗어나기가 더 어려운 것이다.

| 비리가 발생하면 자살로 이어지는 이유 |

때로는 더 큰 비극으로 이어진다.

부정 사건이 발각되면 종종 책임자가 스스로 목숨을 끊는다. 그러나 자살학자인 후세 토요마사가 지적했듯 진짜 '몸통'보다는

부장이나 과장 같은 중간 관리자가 자살하는 사례가 많다.[40]

언론에서 종종 "책임을 느끼고 자살했다"라고 표현하는데, 사실은 오히려 사건이 폭로되었을 때 자기 붕괴가 일어나기 때문에 자살에 이른다고 한다. 또 옛날부터 일본인은 일에 실패하면 할복을 시도하는데 사회학자인 이노우에 타다시는 그 이유를 순수한 책임감 때문이 아니라 체면이 구겨졌다고 생각하기 때문이라고 분석했다.[41] 그런 극단적인 선택 또한 인정 욕구이자 존경·자존의 욕구와 깊은 관련이 있는 것만은 틀림없다.

조직 안에서 부정이 발각되면 강제 수사가 시작되고 체포되는 사람도 나온다. 직장 분위기가 급변하고 공동체 특유의 허심탄회한 대화나 인간관계가 자취를 감출 수밖에 없다. 회사 동료들을 이어왔던 연대가 단절되는 것이다.

회사 밖의 사람과 교류하는 일이 많아 조직 사람 이외에 열린 관계가 훨씬 많은 경영자와 달리 중간 관리자에게는 공동체 밖의 인간관계가 많지 않다. 바깥의 가혹한 시련을 이겨낸 경험도 없다. 그러므로 비리에 책임을 지는 과정을 거치며 공동체 안에서 설 곳을 잃었을 때 자신의 입지도 안식처도 사라진다. 더 나아가 정체성과 자긍심도 무너진다.

조직 속에서 일하는 사람들, 특히 자신이 일을 잘한다고 생각하는 사람의 경우 조직 안에서만 인정 욕구를 채울 수 있다. 그렇기계 조직이 자아의 안식처가 되기도 한다. 동시에 반면 조직에 강하게 의존하는 탓에 그곳에서 인정을 잃었을 때 이내 절망의 늪에 빠지는 것이다.

Chapter 10

인정은 노력으로
얻을 수 없다

| 지금이 아니면 기회가 없을 것 같아서 |

2018년 5월, 일본의 미식축구 부원이 악질적인 반칙 태클을 저질렀다. 이 사건은 가해자 본인에게 책임을 묻는 데서 그치지 않고 감독이 반칙을 지시했다는 점과 미식축구라는 조직의 문화, 나아가 대학의 체제까지 비판의 대상이 되는 등 파문이 커졌다.

그 후 마치 판도라의 상자가 열린 듯 레슬링, 복싱, 체조, 역도 등 아마추어 스포츠 세계에서 지도자가 선수에게 폭력을 행사하고 갑질을 했다는 의혹이 쏟아졌다. 그 이면에는 역시 인정 욕구의 강박이 숨어 있다.

우선 미식축구부의 악질적인 태클 사건을 살펴보자.

가해자인 선수는 대학세계선수권대회 일본 대표로 선발되어 가족과 친구에게 축하를 받았고 그걸 자랑스럽게 생각했다. 그런데 감독에게 투지가 부족하다는 지적을 받았다고 한다. 코치는 "네가 변하지 않는 한 연습에도 시합에도 나오지 말아라"라고 말했고 감독은 대표를 그만두라고 성화를 부렸다. 바로 그런 상황에서 상대 쿼터백을 혼자 막으면 시합에 나가게 해주겠다는 제안을 받았다고 한다.

궁지에 몰린 그는 고민 끝에 마음을 정했다. "인정받고 싶었다. 지금이 아니면 기회가 없다는 생각으로 경기에 임했다"라고 말했다. 결국 명백하게 플레이가 끝났음에도 그는 상대 선수를 뒤에서 태클해 부상을 입히고 말았다.

그가 폭력적인 반칙을 저지른 배경에는 일본 대표라는 지위를 잃고 싶지 않다는 강력한 집착이 존재했다. 위에서 가하는 압력으로 부정을 저지른 사원과 같은 상황이다. 그의 마음속에는 가족이나 친구 등 주위의 기대에 어긋나고 싶지 않다는, 자신의 자부심을 잃고 싶지 않다는 인정 욕구에 대한 강박이 있었음을 쉽게 상상할 수 있다.

이 사건에 관해 대학생을 대상으로 한 설문 조사에서 "감독의 기대에 응하기 위해 규칙을 위반한 선수의 처지를 이해할 수 있나요?"라는 항목이 있었다. 결과는 응답자의 59퍼센트가 "이해할 수 있다"라고 대답했다. 누구나 한 치만 어긋나면 같은 과오를 저지를 수 있다. 그러한 위험을 많은 학생이 자각하고 있는 것이다.

| 윗사람도 아랫사람에게 인정받고 싶다 |

스포츠 지도자는 대체로 선수와 달리 외부로 드러날 기회가 적다. 이른바 뒤에서 돌보는 사람인 것이다. 그들 가운데 상당수가 자신의 생활을 희생하면서 선수 지도에 열정을 쏟는다. 보람이라면 선수의 성장과 팀의 활약, 이와 함께 선수 혹은 보호자나 관계자의 존경과 감사일 것이다. 거기서 달성 욕구와 더불어 인정 욕구를 채운다.

하지만 아무리 정성을 기울여 지도해도 성과를 반드시 거두리라는 보장은 없다. 선수들에게 존경과 감사를 받는다는 보장도 없다. 그렇다면 어쩔 수 없이 단기적인 성과나 인정을 쫓아 자신의 권력을 과시하거나 복종을 강요하게 된다. 그게 폭력이나 갑질이라는 형태로 나타난다.

또 지도자 중에는 자신이 선수의 감정이나 태도에 의존하게 될까 봐 오히려 고압적인 태도를 유지하는 사람도 있다. 처음부터 존경이나 감사가 끼어들 여지가 없게 명령과 복종의 관계에서 시작하는 것이다.

하지만 어쩔 수 없이 지도자는 선수의 인정에 의존할 수밖에 없다. 그렇기에 알고 보면 이런 사례가 적지 않다. 겉으로 보기에는 지도자가 선수를 관리하고 있으나 내면적으로는 오히려 지도자가 조종당하고 있다고 볼 수도 있다.

이처럼 인정 욕구의 강박은 지위가 낮은 쪽에만 생기지 않는다. 윗사람이 아랫사람에게 의존해 일어나기도 한다는 것을 간과해서는 안 된다.

회사 같은 조직에서도 그런 현상이 종종 일어난다. 이를테면 상사는 부하가 인정해주지 않으면 지도력을 발휘할 수 없어 관리자로서 자질이 부족하다는 낙인이 찍힌다. 하지만 부하에게 대놓고 자신을 인정해달라고 말할 수는 없다. 실상 부하가 상사에게 의존하는 것 이상으로 상사도 부하에게 의존하고 있다고 파악할 수 있다.

살펴보면 인정을 둘러싸고 윗사람이 아랫사람에게 무언가를 바라면서 일어나는 사건은 너무나도 많다. 공무원이 관련된 뇌물 사건이나 정보 유출 사건도 동일한 이유로 일어난다.

실제로 인허가 등의 권한을 쥔 공무원에게 접근하는 업자가 있다. 의도를 알기에 처음에는 최대한 거리를 두려고 하지만, 점점 친해지게 되면서 공무원도 업자에게 든든하게 보이고 싶고 기대에 응하고 싶은 마음이 싹튼다. 더 나아가 뇌물을 받거나 이익을 얻으면 결국은 자신도 편의를 봐주게 되는 것이다.

이와 마찬가지로 경찰 같은 직업을 갖고 있는 사람은 단속 대상과 친해지면 상대의 기대에 부응하고 싶은 마음이 생겨 수사 정보를 흘리거나 범죄를 봐줄 때가 있다. 입찰 정보 유출 등도 마찬가지다. 앞서 다룬 '칭찬 사기'까지는 아니지만, 친해져 상대가 자신을 높이 올려주면 결국에는 그에 응하려는 마음이 생겨 정보를 흘리고 마는 것이다.

대부분 아랫사람도 윗사람의 마음을 잡아두고 싶어 하기 마련이다. 따라서 윗사람과 아랫사람이 서로 상대의 인정에 의존하는 관계라고 할 수 있다.

일단 이러한 공동 의존 관계가 성립하면 설령 큰 문제가 있다는 사실을 인지하고도 나서서 바로잡기가 어렵다. 스포츠계의 갑질과 폭력적인 지도도, 뇌물 사건도, 들여다보면 오랫동안 이상한 관계가 유지되고 있었던 경우는 그런 이유 때문이다.

| 폐쇄적인 조직에서 차별은 자란다 |

주목해야 할 또 다른 점은 조직 체질이다.

고등학교나 대학교의 실력 있는 팀들은 선수들이 기숙사에서 합숙 생활을 한다. 감독도 함께 지내는 경우가 많다. 그러면 아무래도 특유의 상하 관계가 생긴다. 문제를 일으킨 미식축구부도 내부에는 감독을 정점으로 한 엄격한 상하 관계가 있고 선수들은 지시를 거스를 수 없는 분위기가 조성되었다고 했다.

폐쇄적인 조직과 끈끈한 인간관계, 자연스럽게 생기는 엄격한 서열. 부정을 저지르는 관청이나 대기업과 놀라우리만치 닮아 있다.

특수한 경우가 아니라는 점을 강조하고 싶다. 정도의 차이는 있을지언정 회사나 관공서 외에 경찰, 학교, 지역 자치회 등 다양한 조직에 유사한 구조가 존재한다.

가장 큰 문제는 이런 상황에서 일반적인 방법으로 조직을 바꾸려고 해봤자 별다른 효과가 없다는 것이다. 아니 효과는커녕 종

149

종 역효과를 일으킨다.

| 왜 부정은 되풀이되는가 |

부정이 언론에 알려져 세상을 시끄럽게 한다. 그런 일이 생기면 최근에는 책임자가 기자회견을 열고 깊이 고개를 숙이면서 사죄한다. 그리고 "두 번 다시 이런 일이 일어나지 않도록 관리를 철저히 하고……"라거나 "관계자를 엄중히 처벌하겠다"라며 틀에 박힌 성명을 읽어 내려간다. 관례가 되어버린 장면이다. 그런데 그렇게 사죄를 하고도 같은 조직에서 부정이 또 일어나는 경우도 잦다.

다카하시 마쓰리 씨의 과로 자살이 발생했던 덴쓰는 1991년에도 사원의 과로 자살이 발생해 재판에서 직원에 대한 안전배려의무 위반이라는 판결을 받았다. 유키지루시유업은 2000년에 집단 식중독 사건을 일으켰는데 2년 후인 2002년에는 같은 그룹인 유키지루시식품에서 소고기 원산지 허위 표기 사건이 발각되었다. 미쓰비시자동차 역시 2000년 이후에 조직적인 리콜 은폐가 드러나 경영 파산 직전까지 쫓겼음에도 불구하고 2016년에 다시 자동차 연비 데이터를 조작한 것이 발각되었다.

이런 부정이 되풀이되면 언론은 단호하게 "기업 체질에 문제가 있다"라고 단죄한다. 자주 문제로 지적되는 게 상부에 직언하지 못하는 조직 풍토나 폐쇄적 조직, 소통의 부재 등이다. 조직의 구조적·풍토적인 문제가 부정의 배경에 있음을 부인하기 어렵다. 그러나 이런 지적은 문제의 반만 지적했을 뿐이다.

공동체의 평가와 신뢰를 잃고 싶지 않다는 개인의 인정 욕구에 대한 강박이 뒤에서 작동하고 있음을 놓쳐선 안 된다. 그 점을 간과하면 애써 만든 재발 방지 대책도 소용없어져 오히려 같은 부정이 되풀이되기 쉽다. 다음과 같은 이유에서다.

부정 방지를 위해 회사에서는 컴플라이언스Compliance(조직 윤리) 엄수를 강조한다. 구체적인 대책으로 담당자가 확인해왔던 수치를 상사가 이중으로 확인하거나 출장에 상사가 동행할 것을 의무화한다. 나아가 결재 라인에 더 많은 관리자가 추가된다.

조직의 상하 관계는 더 공고해지고 부하는 상사의 의향을 더 열심히 헤아리려고 하는 한편 당사자 의식은 줄어들어 책임감도 약해진다. 그렇게 되면 실수를 막거나 정의를 지키려는 주체적인 행동은 기대할 수 없다.

더구나 관리가 강화되고 제재가 무거워지면 실수를 했을 때 처분이 두려워 숨기려고 한다. 그것이 관례처럼 굳어져 큰 문제를 일으키는 원인이 되는 일이 적지 않다.

또 하나 놓쳐선 안 되는 것은 외부의 비판이 거셀수록 공동체에 더욱 강하게 의존한다는 점이다.

부정을 저지른 기업이나 관공서 직원들은 조직 밖으로 한 걸음만 내디디면 차가운 시선에 노출된다. 그러면 오히려 어떻게든 조직 안에 틀어박혀 조직에 매달릴 수밖에 없다. 폭설이 몰아칠 때는 따뜻한 실내에 머물고 싶기 마련이다. 게다가 앞서 설명한 인지적 부조화 이론이 알려주듯 세상의 시선이 엄격해질수록 자기가 처한 상황과 행동을 정당화하기 위해 구성원들은 공동체에 더 충실하려고 한다. 이 같은 이유로 '부정→관리 강화→또 다른 부정'이라는 얼핏 이해하기 어려운 악순환이 일어난다.

| 내부 고발 제도는 제대로 기능할 수 없다 |

기업이든 관공서든 조직의 부정은 대부분이 닫힌 공동체 안에서 일어난다. 외부에서 감시하고 점검하려고 해도 한계가 있다. 그래서 부정 적발 수단으로 기대를 모으고 있는 게 내부 고발 제도다. 내부 고발한 사람을 보호하기 위한 공익제보자보호법이 2004년에 제정되어 내부 고발자에게 사업자가 해고나 강등 등 불이익을 주지 못하도록 했다.

상장기업을 대상으로 2018년에 실시한 조사에 따르면 거의 모든 기업에 내부 고발 제도가 있다. 응답한 303개 회사 중 97.4퍼센트가 제도를 갖추고 있었다. 그러나 제도 이용 현황을 보면 연간 다섯 건 이하가 54.8퍼센트로 과반수에 달한다.[42] 제도는 있는데 이용하지 않는 것이다.

부정이 발각된 기업 대부분에도 내부 고발 제도가 존재했으나 활용되지 못했다. 회계 부정을 저지른 도시바의 경우, 제삼자위원회 보고서에도 "내부 고발 제도가 충분히 활용되지 못한 것으로 추측된다"라고 분명히 적혀 있다. 부정을 되풀이한 미쓰비시 자동차에도 내부 고발 제도가 있었지만 부정행위의 조기 발견으로 이어지지는 못했다.

여기에서도 인정 욕구의 강박이 장애가 되고 있음을 짐작할 수 있다. 내부 고발자는 공익에 공헌했을지언정 회사와 직장이라는 공동체에서는 배신자로 여겨진다. 제도의 보호를 받아 처우 면에서는 직접적인 불이익이 없더라도 상사와 주변 사람에게 신뢰를 잃는다. 특히 자신의 고발로 회사나 동료가 손해를 본다면 고립무원의 상태를 각오해야 한다.

사회생활을 하는 사람들은 준거집단, 즉 자신의 능력과 인격을 평가받는 곳이자 자긍심을 느끼는 곳은 직장이라는 생각을 갖고 있다. 공익을 위해 신고하라고 하는 게 얼마나 힘든 일이며 비현실적인 일인지를 이해해야 하지 않을까.

그런데 최근 들어 지도자의 갑질을 내부 고발하는 움직임이 일어나고 있다. 고위 관료가 기자에게 한 성희롱 발언이나 지자체장이 직원을 성희롱한 사건이 피해자의 고발로 알려지는 사례도 있었다.

둑이 무너지듯 일어나기 시작한 내부 고발의 움직임을 보며 드디어 일본의 조직도 변하는구나 싶었는데 외국인 유학생에게서 뜻밖의 이야기를 들었다.

"우리는 부당한 일을 당하면 그 자리에서 항의합니다. 왜 일본인들은 바로 그 자리에서 이상하다거나 그만뒀으면 좋겠다고 말하지 못하나요?"

그렇다. 분명 그 자리에서 항의하면 나중에 고발할 필요조차 없을 것이다. 사회의 한계이자 인정 욕구의 강박이 결정적인 찰나에도 작동하고 있다는 것을 단적으로 보여주는 이야기다.

4/

인정 욕구와의
결별

Chapter 11

기대에
적당히 부응하는 연습

| 과도한 기대도, 지나친 부담도 |

단순하게 생각해 부담감에서 벗어나고 싶다면 스스로 기대를 받지 않으면 그만이다. 물론 그게 말처럼 그리 간단하지 않다. 애써 얻은 기대를 완전히 저버리면 이제까지 쌓아 올린 신뢰와 평가가 하루아침에 무너진다. 애당초 강박에 빠지는 이유도 그런 상황이 두려워서다. 그러므로 우리가 해야 할 일은 너무 커진 기대를 스스로 조절해 자기 능력에 맞는 수준으로 떨어뜨리는 일이다.

다만 기대하는 것은 주위 사람들은 여전히 비슷한 기대를 갖고 당신을 대한다. 받고 있는 기대치는 실상 달라지지 않은 것이다.

이미 소개했듯 병원에서 최우수 직원으로 표창을 받은 직원이 얼마 지나지 않아 퇴직하는 일이 벌어지고, 공장 시찰차 방문한 사장에게 "기대하고 있으니 잘해보게"라는 말을 들은 젊은 사원이 정신적 고통을 호소하며 휴직해버리기도 한다. 현장 이야기를 듣다 보면 겉으로 드러나지 않았을 뿐 이런 사례들이 부지기수라고 한다.

예리한 경영자는 이를 미리 알아차리고 대책을 세운다.

오사카에서 요시야吉寿屋라는 과자 도매업을 하는 꽤 오랜 역사를 가진 회사가 있다. 몇 년 전에 방문했을 당시 이 회사에는 성적 우수자에게 포상금과 해외여행, 자동차 같은 고가의 상품을 주는 표창 제도가 있었고 그게 TV에 소개되면서 화제를 모았다.

표창 수여 행사에서 500만 원이라는 상금을 받은 영업사원은 긴장한 얼굴로 말했다. "회장님, 이렇게 멋진 상을 주셔서 감사합니다. 앞으로 더 분발하겠습니다!"

회장은 그 말을 듣고 이렇게 응했다. "자네, 그 생각은 틀렸어. 우리는 자네가 과거에 이미 공헌한 바에 대해 상을 준 것일 뿐이야. 앞으로의 실적을 기대하고 표창한 게 아니라고. 물론 '또 이상을 받고 싶으니 노력해야지'라고 생각한다면 그건 자네 자유지만."43

상을 받은 직원이 지나친 부담감을 가지지 않도록 사려 깊게 배려한 말이었다.

| **"너는 바보니까"라는 말이 주는 해방감** |

기대를 받던 대학원생이 잇따라 학교를 그만두는 사례를 선배에게 이야기하자 그는 이런 이야기를 들려주었다.

자신은 대학원 때 스승에게 늘 "너는 바보니까"라는 말을 들었다고 한다. 물론 진심이 아니라 장난임을 알았기에 오히려 덕분에 부담감 없이 편안하게 연구할 수 있었다. 그래서 교사인 지금, 자신도 비슷한 태도로 학생들에게 부담을 주지 않게 의식하며 대하고 있다고 했다.

여기에 괜한 부담감을 주지 않기 위한 힌트가 포함되어 있다. '바보'라거나 '멍청이'라는 말을 아무렇지도 않게 농담으로 말하는 세계는 코미디 무대 뿐이다. 코미디 무대에서는 진지하게 의견을 피력해야 하는 상황이 펼쳐지지 않으니까 비교적 자아가 관여되는 순간이 적다. 학업이나 일에서 성과가 오르지 않을 때도 코미디 무대라고 생각하고 최대한 가벼운 마음으로 피드백을 받으면 자기 스스로를 과도하게 괴롭히지 않고 상황을 이해할 수 있다. 다만 상황에 따라서는 괴롭힘이나 갑질로 이어지기도 하므로 주의는 필요하다.

비슷한 맥락으로 매사 비장하고 진지한 일본인과 달리 미국인 등의 다른 국가 사람들은 긴장하기 쉬운 순간에도 유머를 섞어가며 "Take it easy(긴장 풀어)"라고 말을 건다. 그만큼 부담감을 주지 않고 여유를 가지려고 늘 의식하는 것이다. 물론 그렇게 해야 일이 더 수월하게 풀린다는 것을 체득으로 알고 있기 때문이기도 하다.

| 후퇴를 위한 계단을 만들어라 |

기대의 무게에 짓눌리지 않기 위해서는 제도적인 개혁도 필요하다. 개혁의 핵심은 절벽에서 떨어지지 않도록 '계단'이나 '슬로프'를 만드는 것이다.

거듭 말하지만 인정 욕구의 강박으로 괴로운 이유는 이미 획득한 평가나 신뢰 그리고 자신을 향하던 기대를 한꺼번에 잃고 자존감에 상처를 입고 자기효능감이 떨어지는 게 두렵기 때문이다.

특히 성실한 사람이나 완벽주의자일수록 그런 집착이 강해 자신이나 남에게 심각한 문제를 일으키기 쉽다.

거기에는 '실수를 하나라도 하면 전체가 망한다'라는 사고방식이 존재한다. 따라서 실패했거나 뭔가 부족할 때 신뢰와 평가를 단숨에 잃을 필요가 없는 제도를 만들면 된다.

기업이나 관공서에서 가장 실행하기 쉬운 것은 인사 평가 제도 개혁이다. 일본의 인사 평가 제도는 태도나 의욕이라는 정서적인 측면의 비중이 커서 평가 기준도 상당히 모호하다. 또한 평가 결과는 불확실한 형태로 처우에 반영된다. 자연히 부하는 평가자인 상사의 생각을 지나치게 의식하게 된다.

이를테면 아무리 일을 잘해도 자기가 다른 사람들보다 늘 먼저 퇴근하는 사람으로 평가되고 있지 않은지 의식하게 된다. 상사에게 자기 생각을 주장하거나, 의욕이 없는 듯한 태도를 보이거나, 작은 실수만 하나 하더라도 평가에 큰 영향을 주지 않을까 하는 망상이나 의심으로 전전긍긍하는 일도 있다. 그것이 과도한 짐작으로 이어져 종종 과로나 부정이 발생한다.

따라서 인사 평가 제도에서 추상적이고 주관적인 요소를 최대한 배제하고 구체적인 사실에 근거한 평가 항목을 갖추어야 한다. 그리고 되도록 평가 기준을 회사 내에 공표하는 게 바람직하다.

| 임금이 오른 만큼만 부담을 갖는다 |

기대라는 무게에서 해방될 때 유용한 도구는 또 있다. 참고가
될 만한 게, 앞 장에서 소개한 동남아시아에 진출한 기업의 현지
에피소드다. "사원을 칭찬했더니 임금을 올려달라고 하더라"라
는 얘기를 들으면 너무하다거나 칭찬도 무서워서 못하겠다며 그
런 태도를 부정적으로 받아들이는 사람이 있을지도 모른다.

아마도 일본인 대다수는 인정은 무형의 보수니까 칭찬받은 것
자체에 가치가 있다고 생각할 것이다. 그러나 칭찬만으로 만족시
키려는 의도는 열정 착취라는 비판을 받을 우려가 충분히 있다.
경제원칙에 따라 공헌에는 금전적으로 보상하는 게 오히려 도리
에 맞다.

보기에 따라서는 현지 직원들은 무의식적으로 인정 욕구의 강
박을 회피하고 있는 것일지도 모른다.

바로 이런 논리다. 칭찬만으로는 자신의 공헌이 얼마나 평가되
고 있는지 가늠하기 어렵다. 앞으로 자신에게 뭘 기대하는지도
모른다. 그러므로 성실한 사람은 상대를 실망하게 하지 않으려고
기대를 한없이 높이고 그 무게에 괴로워한다. 속된 말로 "공짜만
큼 비싼 건 없다"라고 하듯 돈이 개입하지 않으면 오히려 성가신
것들이 따르기 마련이다. 실제로 칭찬받거나 기대를 얻어 부담감

으로 괴로워하는 사례 대다수가 그런 패턴이다.

하지만 칭찬을 받음과 동시에 임금이 오르면 오른 금액만큼 평가된 셈이라 금액 이상의 심리적 부담을 느낄 필요가 없다. 즉 금전적인 보상이 이루어진 시점에서 회사와 사원 사이의 부채가 청산되는 것이다. 사회학자인 게오르크 지멜이 역설한 바와 같이 돈에는 인간을 인격적인 복종에서 해방하는 기능이 있다.[44] "돈으로 해결하는 게 오히려 깔끔하다"라는 말은 그 때문이다.

돈으로 부담감에서 벗어날 수 있다는 점을 간접적으로 증명한 연구가 있다. 이스라엘의 어린이집에서는 지각한 보호자에게 벌금을 부과하기로 했다. 보호자가 맡긴 아이를 늦게 데리러 오면 직원은 부모를 기다리는 수밖에 없기 때문이다. 그런데 벌금을 부과하고 나서부터 지각이 줄기는커녕 오히려 늘었다. 벌금제를 폐지한 후에도 지각은 줄지 않았다.[45]

보호자가 시간에 맞춰 아이를 데리러 올 거라고 직원이 기대하고 있으므로 보호자는 그 기대에 부응해야 한다. 벌금이 부과되기 전까지는 보호자의 마음속에 그런 부담감이 있었다. 하지만 벌금제가 시행되자 직원이 더는 그런 기대를 하지 않는다는 걸 알게 된다. 그 때문에 벌금제가 폐지되어도 부담감을 느끼지 않게 된 것이다.

그렇기에 이 책에서 지금까지 다룬 문제와 실패 사례 대부분은 돈으로 보상하는 제도만 제대로 마련하면 해결 가능성이 있음을 알 수 있다.

| 쓸데없는 배려를 없애는 제도의 중요성 |

그런데도 현실적으로 정책을 바꾸기 어려운 이유는 정치나 행정이 중시하는 인간상과 현실적인 인간상 사이에 격차가 있기 때문이라고 생각한다.

정치나 행정에서 상정하는 사람은 조금이라도 더 효율적으로 금전적인 보수를 획득하려고 행동하는 '경제인'이다. 경제인의 가설에서는 초과 근무수당의 할증률을 높이면 사원은 야근을 더 많이 할 것이고 남은 유급휴가를 회사가 사들이면 휴가 사용률이 더 떨어질 거라는 결론에 도달한다.

그러나 현대 일본 조직에서 일하는 대다수는 돈보다 인정받는 걸 중요시하는 '인정받으려는 사람'이다. '인정받으려는 사람'은 종종 경제적 손실을 감수하더라도 인정을 얻으려고 한다. 돈보다 명예가 더 소중한 것이다. 그래서 경제인과는 정반대의 행동을 한다.

그렇게 생각하면 인정을 얻으려고 굳이 경제적 손실을 감수하지 않도록 하는 것, 즉 경제원칙을 철저히 적용해서 회사와의 사이에 부채를 남기지 않도록 하는 게 인정 욕구의 강박에서 일하는 사람을 보다 자유롭게 만드는 일일 것이다.

다만 강박은 회사나 상사만이 아니라 동료에게서도 얻는다는 걸 명심해야 한다. 주위의 인정을 중시하는 사람들은 동료에게 인정받기 위해 혹은 폐를 끼치지 않으려고 야근을 하고 휴가를 신청하지 않는 사람들도 적지 않다.

그러므로 할증률 인상과 남은 휴가에 대한 금전적 보상을 제도화함과 동시에 개인 업무 분담을 명확하게 할 필요가 있다. 그러면 회사만이 아니라 동료를 쓸데없이 배려하지 않아도 된다.

종종 일본인이 유럽인이나 미국인보다 주위를 배려하는 게 "문화의 차이"라고 말하는 사람도 있다. 물론 "퇴근하기 힘들어", "쉬기 부담스러워"라는 말에는 주위와 보조를 맞추는 게 좋다는 일본 문화의 영향도 있을 것이다.

그러나 같은 일본에서도 프리랜서로서 프로젝트에 참가할 경우 자기 일이 끝나면 주저 없이 퇴근한다. 당사자들도 프리랜서가 된 장점으로 주위를 괜히 배려하지 않아도 된다는 점을 자주 꼽는다. 요컨대 문화 차이가 있더라도, 그와 비슷하게 또는 그 이상으로 제도의 문제가 크다고 할 수 있다.

| 적당한 보상이란 무엇인가 |

"돈을 사용하면 성가신 문제들이 사라진다고 했는데 앞서 설명한 병원 사례에서는 최우수 직원에게 성과급을 줬더니 부담감을 느끼고 그만두지 않았나?"라는 반론이 있을 수 있다.

그러나 그것은 모순되지 않는다. 병원의 경우 상당히 많은 액수의 성과급이 포상으로 주어졌다. 성과급의 액수가 컸기 때문에 적어도 수상자 본인, 나아가 주위 사람들은 그가 이룬 업적이나 공헌에 합당한 보상으로 여기지 않았을 가능성이 크다. 할증률이 낮은 초과 근무수당이 야근에 대한 정당한 대가로 보이지 않았던 것과는 반대지만 논리는 같다.

게다가 성과급을 받는 사람이 원장 재량에 따라 정해지므로 인지된 기대는 더욱 커졌을 게 분명하다. 즉 최우수 직원 수상자에게는 금전적인 보상이 부담을 줄이기는커녕 더욱 무겁게 만든 것이다.

과다한 부담감을 피하고자 한다면 우선 적절하게 성과급을 책정해야 한다. 수상자를 선정하는 과정에는 공평성과 객관성을 높일 필요가 있다. 업적마다 미리 점수를 정해두고 정산해 최고 득점자를 표창한다거나 선정위원회 같은 부서에서 심사해 공정성을 더하는 방법이 있다.

| 브레이크 타임을 두고 일하는 이유 |

'돈으로 성가신 것들을 떼어내자'는 이야기로 돌아오면, 기여도나 업적에 맞게 금전적인 보수를 주는 것은 이른바 성과주의다. 성과주의라고 하면 말의 코 앞에 당근을 매달고 달리는 것처럼 목표만 보고 전진하는 인상이 짙다. 개인적인 측면에서 봐도 성과주의는 노력해서 성과를 거두었을 때 큰 보수를 얻는 제도라는 이미지가 있다.

그러나 원래 성과주의에는 그 반대인 면도 있음을 주목하길 바란다. 순수한 성과주의는 스스로 성과를 낮춰 그에 상응하는 보수를 받을 자유도 포함한다.

택시 운전사나 성과제로 일하는 보험회사·증권회사 영업사원의 업무를 떠올려볼 수 있다. 실제로 택시 운전사 중에는 많은 월급도, 높은 평가도 필요 없다고 생각해 느긋하게 일하는 사람도 있다. 좀 더 단적인 예는 자영업이다. 돈을 많이 벌고 싶어 시작하는 사람도 많지만 특히 요즘 들어 특정한 요일이나 시간에만 영업을 한다거나 소득이 줄어도 '브레이크 타임'은 꼭 지키며 여유 있게 일하는 것을 중요하게 생각하는 자영업자들이 늘고 있다. 궁극의 성과주의로 생활하는 자영업자는 일하는 것도 쉬는 것도 자유다.

계단이나 슬로프 얘기는 회사 내의 직급에도 해당한다. 연공서열제에서는 나이나 근속 연수에 따라 급여뿐만 아니라 직급도 올라간다. 실력과 상관없이 높은 사람이 되는 것이다. 일단 승진하면 웬만한 일이 벌어지지 않는 한 그 자리를 보전할 수 있다. 따라서 높은 자리에 올랐으나 그 직책을 맡은 자에게 기대하는 바에 부응하지 못해 괴로워하는 일이 벌어지기도 한다. 이른바 승진 우울증에 걸리는 사람이 많은 실태가 두드러진다.

여기서 짐을 더는 효과를 기대할 수 있는 것이 일부 관공서와 공립학교 등에서 채용하고 있는 희망 강등 제도다. 당연히 직급을 낮춰도 계속 일할 수 있고 스스로 원해 강등한 것이니 인정을 잃었다는 굴욕감을 맛볼 이유도 없다. 앞서 말했듯 자기효능감에 맞는 수준까지 자발적으로 기대를 낮추는 계단을 만드는 것이다. 또 조직의 입장에서도 자발적인 강등이라는 길이 있으면 현재 실적은 없으나 본인의 미래를 불안해하지 않는 젊은이를 과감하게 진급시킬 수 있다.

강등뿐만 아니라 다시 진급시키는 절차도 필요하다. 기대만큼 해내지 못한 것이 능력이 부족해서가 아니라 정신적, 육체적인 문제로 잠시 슬럼프에 빠진 경우도 있기 때문이다.

무엇보다 업무 내용과 환경 변화가 격렬하게 변화하는 4차산

업혁명시대에서는 능력이나 기여도도 쉽게 변한다. 지금까지 기업의 인사 제도는 패자 부활의 기회가 부족한 토너먼트 형식에 가까웠는데 앞으로는 패자 부활이 가능한, 유연한 인사 제도가 더욱 필요하다.[46]

Chapter 12

자기효능감에
집중하는 삶

| 제로섬 사회 구조에서의 성공 |

지금까지 인지된 기대를 적정 수준까지 낮출 방법을 얘기했다. 그것이 인정 욕구의 강박에서 벗어나기 위한 첫 번째 열쇠라고 하면 두 번째 열쇠는 자기효능감의 향상, 즉 기대에 부응할 수 있다는 자신감을 가지는 것이다. 지금부터 자기효능감을 높이기 위해서는 어떻게 하면 좋을지 그 방법을 생각해보자.

앞서 소개한 대로 많은 연구와 조사 결과 아이부터 성인까지 많은 수가 자기효능감이 낮은 것으로 밝혀졌다. 기대에 부응할 수 있다는 자신감이 없다는 점이 기대에 대한 부담감을 키우는 한 요인인 것이다.

자기효능감, 즉 "하면 할 수 있어"라는 자신감을 가지는 데 제일 중요한 것은 성공 경험이다. 하지만 현대 사회에서는 성공을 경험할 기회 자체가 부족한 게 사실이다.

회사나 관공서에서는 부장, 차장이라는 자리의 수가 한정되어 있다. 누군가 부장이 되면 다른 사람은 부장이 될 기회가 사라진다. 인사 평가도 상대평가라서 모두 노력해 성과를 올려도. 누군가 높은 평가를 받으면 다른 사람은 높은 평가를 받을 기회가 줄어든다. 게다가 조직의 간소화, 수평화로 직급 자체가 줄어드는 추세다.

하나의 파이를 두고 어떻게 나눌지를 결정하는 제로섬 구조에서는 누군가가 활약하면 다른 사람이 힘들어지므로 필연적으로 튀어나오는 못을 때려 박는 분위기가 자리 잡기 쉽다. 이런 제로섬 형태의 조직과 사회에서 성공 경험을 쌓으려면 어떻게 해야 할까.

우선 되도록 주위와의 과도한 경쟁을 피한다. 닫힌 조직 안에서라도 각자의 목표나 경력을 놓고 서로 경쟁하지 않으면 타인의 발목을 잡을 동기는 생기지 않는다. 조직 안에서 출세하고 싶은 사람, 전문성을 목표로 하는 사람, 느긋하게 살고 싶은 사람 등 저마다 자신이 원하는 길을 걸으면 그만이다.

그런 점에서 요즘 자주 이야기되는 다양성, 즉 성별이나 국적, 경력과 전문성, 나이, 가치관 등이 다른 사람들을 섞는 일은 각자에게 진취적인 도전을 촉진하고 서로의 성공을 칭찬해주는 조직 분위기를 만드는 데 효과가 있다.

다양성에는 다른 효과도 기대할 수 있다. 국제적인 스포츠 대회를 보면 일본 팀은 한 선수가 실수하면 도미노처럼 차례로 무너지는 경우가 많다. 동료들과 우리는 하나라는 분위기를 깊이 공유하고 있기 때문이다. 반대로 팀원들이 과도하게 결속되어 있지 않으면 연쇄적으로 인정 욕구의 강박에 빠지는 걸 막는다.

| 객관적인 지표와 구체적인 사실 |

자기효능감이 낮은 데는 인정이 부족한 사회 분위기에도 원인이 있다고 할 수 있다. 그만큼 의식적으로 인정해주고 칭찬해야 한다.

애초에 인정은 자주 거울과 비유되듯 당사자는 충분히 모르는 부분을 올바르게 피드백하는 게 목적이다. 따라서 최대한 객관적인 지표와 구체적인 사실에 근거해 인정하거나 칭찬해야 한다.

같은 칭찬이라도 "자네가 일하는 모습은 아주 훌륭해"라는 것보다 "자네가 생각해낸 문서 정리 방법을 다른 부서에서도 도입했다네"라거나 "손님에게 솔직하게 사실을 전하는 모습이 신뢰로 이어졌어"라고 무엇이 좋았는지를 구체적으로 전달한다.

인정하는 행위의 목적이 사실을 피드백하는 데 있다는 점에 입각하면 반드시 언어라는 수단을 개입시킬 필요도 없다. 때로는 숫자나 사실을 제시하는 것만으로도 충분할 때가 있고 손님이나 관계자에게 인정받을 기회를 주는 방법도 있다.

특히 효과적인 것은 자기 이름을 걸고 일하게 하는 방법이다. 이름을 걸면 제품이나 서비스의 고객 평가가 본인에게 직접 돌아오니 긴장하며 최선을 다할 수밖에 없다. 어느 기계 제조회사에서는 제품에 기계 조립을 한 사람의 이름을 표기해 생산하는 제도를 도입했다. 그러자 점차 직원의 근무 의욕이 눈에 띄게 높아졌고 그 후로 젊은 직원의 이직이 단 한 건도 없었다고 한다. 이외에도 회사 안팎에 발표하는 문서에 서명을 넣거나 업무상 아이디어에도 제안자의 이름을 명시하는 방법도 있다.

한 걸음 더 나아가 조직 안팎의 의사소통이 풍부해지면 그것만으로도 자신의 실력과 공헌, 입지를 자연스럽게 확인할 수 있다.

그러면 만족감과 안도감이 동시에 밀려오며 업무에 안정감을 느끼게 된다.

| 능력이나 노력보다 잠재력 |

교육 현장처럼 장기적인 효과를 기대해야 하는 곳에서는 추상적인 인정도 필요하다. 여기서 피할 수 없는 문제가 있다. 앞서 언급한 바 능력이나 성과를 칭찬할 것인지, 노력을 칭찬할 것인지 하는 문제다.

이미 살펴본 대로 능력을 칭찬하면 실패했을 경우 자신의 능력에 대한 평가가 낮아져 자신감을 잃게 될까 봐 두려워 위험이 따르는 일에 도전하지 않으려 할 가능성이 있다. 반대의 경우에는 자만한 나머지 노력하지 않는 상황이 발생할 수 있다.

한편 노력을 칭찬하면 더 분발해야 한다는 부담감이 본인을 궁지로 몰아 효율성을 따지지 않고 무작정 노력만 할 위험이 있다. 특히 자기효능감과 자기긍정감이 낮다면 더욱 의식적으로 능력을 칭찬해야 한다.

그렇다면 무엇을 어떻게 칭찬해야 할까?

되도록이면 구체적인 근거를 제시하면서 잠재력을 칭찬해야 한다. 결과가 흡족하지 않더라도 자신에게 잠재력이 있다고 믿으면 성과가 오르지 않은 것은 노력이 부족했거나 효율적이지 못했기 때문이라고 받아들인다. 이는 개선하려는 노력으로 이어질 수 있다.

잠재력을 칭찬하려면 어떤 점이 주목받을 가치가 있는지 가능하면 문장으로 써서 구체적으로 제시한다. 메일이나 메신저를 이용해 틈틈이 칭찬의 말이나 감사의 말을 전하는 회사도 있다. 직접 얼굴을 보고 하기 멋쩍을 때 쉽게 전달할 수 있다는 장점도 있다.

혹은 "작년에는 하지 못했던 ○○를 올해는 할 수 있게 되었다"라는 식으로 진척도를 객관적으로 이해할 수 있는 지표를 제시한다. 다른 사람과 비교하기보다 과거의 자신과 비교해보는 게 성장을 쉽게 실감할 수 있다.

| 인정받는 경험은 인간을 성장시킨다 |

자기효능감을 높이는 방법에 관한 이야기를 정리하면서 꼭 소개하고 싶은 사례가 있다.

2000년대 초, 중학생들의 방황과 탈선이 사회문제로 대두된

적이 있었다. 교토시립 K중학교도 이 문제에서 벗어나지 못해 따돌림과 학교 폭력이 끊이지 않았다. 등교를 거부하는 학생의 비율도 전국 평균을 훨씬 웃돌았다.

조사해보니 학생의 자기긍정감과 자존감을 나타내는 "나는 내가 좋다", "내게는 장점이 있다", "반 친구들에게 난 도움이 되고 있다"라는 항목에 대한 수치가 아주 낮았다. 그래서 결국 학교는 지역 유치원 일곱 곳과 손을 잡고 학생들의 자기효능감과 자존감을 높이는 프로젝트에 착수했다.

학생들은 어떻게 하면 유치원 아이들에게 도움과 즐거움을 줄 수 있을지 계획하고 그것을 스스로 실천했다. 원아를 학교로 데려와 함께 밭을 갈아 감자를 심고, 다 자라면 같이 수확했다. 필요한 준비도 자신들이 주체적으로 했다.

활동할 때 교사는 학생에게 필요한 정보를 주거나 필요한 시간과 장소, 자금을 제공하는 등 여러 측면에서 지원했다. 그리고 학생이 활동할 때 교사와 원아의 보호자, 지역 주민이 곳곳에서 학생들을 칭찬하게끔 했다. 당연히 원아들도 학생들을 든든하게 여기고 감사해했다.

활동을 이어가면서 자기긍정감과 자존감을 나타낸 항목의 수치가 오르는 등 서서히 변화가 나타났다. K중학교는 따돌림과 등교 거부도 크게 줄었고 성적도 오르는 성공적인 결과를 거뒀다.

이 프로젝트는 학교뿐만 아니라 직장 등에서도 응용할 수 있다. 실제로 기업이나 관공서에서는 선배가 후배에게 일과 생활을 지도하는 멘토링 제도를 운영하면 오히려 멘토인 선배가 자신감을 가지고 눈에 띄게 성장한다고 한다.

다른 사람에게 도움이 되고 인정받는 경험은 그만큼 커다란 자기효능감과 이어진다. 성공해본 경험으로 갖춘 자신감이 있으면 기대에 쉽게 무너지지 않을 것이다.

Chapter 13

인정 욕구로부터
자유로워지기 위해

| 문제를 상대화하는 이유 |

강박을 풀기 위한 세 번째 열쇠는 문제의 중요성을 낮추는 것이다.

기대에 부응할 자신이 없을 때 '나에겐 이게 전부야', '도망칠 곳도 없어'라고 생각할수록 부담감이 커진다. 반대로 '이 밖에도 소중한 게 많아', '도망쳐도 괜찮아'라고 생각하면 부담감은 줄어든다. 바꿔 말하면 문제를 상대화할 수 있느냐 아니냐가 결정하는 것이다.

일본 스모에서 41회(2019년 1월까지의 기록)라는 해당 체급 최고 우승 기록을 자랑하며 역사상 가장 강한 선수라는 소리를 들었던 하쿠호. 그런 하쿠호도 몇 년 전, 다이호 선수가 가지고 있던 32회 우승 기록을 깰 수 있는 경기를 앞두고 큰 부담을 느꼈다. 그때 하쿠호는 존경하는 왕정치 소프트뱅크 호크스 회장에게 "32회를 생각할 게 아니라 35회, 40회를 생각하면 편안해져"라는 조언을 들었다고 한다. 그 말이 위안이 되었고 여유를 가지고 자신의 경기를 풀어갈 수 있었다고 한다.

이처럼 눈앞에 닥친 목표에 구애받기보다는 의식적으로 훨씬 먼 미래를 내다보면서 당장의 목표를 상대화해야 한다. 왕 회장 본인 역시 현역 야구 선수 시절에 손에 닿지 않을 만큼 높은 목표를 세웠을 것이다. 그리고 그것을 향해 부단히 노력함으로써 결과적으로 통산 86개 홈런이라는 눈부신 기록을 세울 수 있었다.

공부와 일, 그 밖의 일상생활에도 적용해서 생각해볼 수 있는 이야기다.

대학 입시 등에 직면하면 누구나 부담감에 짓눌린다. 주위의 기대가 높을 때는 더하다. '반드시 합격해야 해'라고 의식해서 괴로워하면 해야 할 공부도 하기 싫어진다. 거꾸로 이상적인 회사를 만들겠다는 크고도 먼, 어쩌면 이룰 수 없는 꿈을 가지면 거기에 도달하는 길은 하나가 아님을 알게 되고 까짓것 시험은 또 치면 된다는 대범한 마음을 가지게 된다. 모순적이지만 시험에 대한 부담은 한결 줄어드는 것이다.

일에서도 이룰 수 없을 만큼의 원대한 꿈을 품으면 지금 당장 상사의 기대에 미치지 못하거나 평가가 다소 떨어지더라도 하늘이 무너질 만큼의 스트레스는 피해갈 수 있다. 언뜻 허황되어 보이는 "큰 꿈을 가져"라거나 "멀리 보고 행동해"라는 말이 자주 쓰이는 것은 이런 이유에서가 아닐까.

앞서 말한 하쿠호의 에피소드에는 또 하나 주목할 점이 있다. 바로 하쿠호가 불안한 심정을 왕 회장에게 토로했다는 점이다. 그는 언론에도 자신이 부담감과 싸우고 있음을 솔직히 드러냈다. 자신의 약점을 보여줌으로써 주위의 기대를 낮추고 실패했을 때도 체면을 유지할 수 있다. '하쿠호도 인간이구나'라고 사람들은 이미 이해했기 때문이다. 이렇게 자신을 드러냄으로써 기대의 무게를 내려놓으면 인정 욕구의 강박을 해소하는 효과가 있다.

| 실패 경험의 소중함 |

역설적으로 약점을 보여주면 두려움이 옅어지면서 보다 강한 멘탈을 가질 수 있다. 그런 의미에서도 중요한 게 '실패 경험'이다.

스포츠에서도, 다른 승부의 세계에서도 설마 그럴 리 없다고 생각했던 사람이 패배할 때가 있다. 게다가 한 번으로 끝나지 않고 두 번, 세 번 잇따라 질 때가 있다. 나중에 인터뷰를 보면 분명히 그때 심리적으로 쫓기고 있었다고 이야기한다.

계속 이기기만 했던 사람이라면 주위에서 점점 더 큰 기대를 하기 마련이다. 때로는 불패 신화까지 생긴다. 하지만 한편으로 본인에게는 '언젠가는 지겠지?'라는 불안이 꿈틀대기 시작한다. 게다가 패배한 경험이 없으니까 졌을 때 어떻게 행동해야 할지도 몰라 더욱 비참해할 것이다. 패배에 대한 두려움은 자신을 궁지로 몰고, 또 다른 패배로 이어지게 할지도 모른다. 다시 일어설 방법도 익히지 못했으므로 완전히 자신감을 잃는다.

앞 장에서 다룬 엘리트의 약점도 원인의 일부가 거기에 있다고 생각할 수 있다. 그들은 시험, 취직에서 좌절한 경험이 없어서 실패에 대한 불안을 가지기 쉽고 실패했을 때 좌절감도 크다.

지금까지 교육 현장이나 인재 육성에서 늘 성공 경험의 중요성만 강조했다. 자신감을 키우려면 성공 경험이 중요하다. 하지만 실패 경험도 필요하다. 또한 아무리 실력이 뛰어나더라도 실패할 위험이 있는 더 높은 목표에 계속 도전하려는 자세를 잊어선 안 된다.

| 즐거움에 집중하는 내공 |

　다만 본인의 노력만으로는 부담감을 줄이고 강박을 푸는 데 한계가 있다. 기대라는 부담감을 주는 이들은 대부분 부모나 교사, 상사 같은 사람이고 그들은 부담감을 어느 정도 없애줄 수 있는 처지에 있다. 여기서는 상사가 아랫사람에게 할 수 있는 일이 무엇인지 알아보자.

　데이쿄대학 럭비부는 2018년까지 대학선수권대회 연속 9회 우승이라는 전대미문의 기록을 세웠다. 졸업으로 매년 선수가 바뀌는 학생 스포츠에서 9년 동안 연속으로 승리했다는 것은 경이로운 일이다.

　이와데 마사유키 감독이 제일 강조하는 것은 항상 동기부여를 가지게 하는 분위기, 문화의 필요성이다. 지도자는 선수가 스스로 '변하고 싶다'라고 생각하게끔 하는 환경을 만들어야 한다고 역설했다.[47] 또한 이와데 감독은 대학선수권대회에서 이기는 것보다 즐거움을 추구하는 것이 더 중요한 목표라고 말했다.

연속 우승을 목표로 하면 주위의 기대를 고스란히 받아들여야 한다. 가장 주목받는 학교인 만큼 대항전이나 연습 경기의 결과를 두고 비판도 수없이 들어올 것이다. 또 연속 우승을 의식하면 먼저 수동적인 자세가 되어 경기 집중력이 떨어진다. 그럼 최고의 경기력을 발휘하기 어렵다.

한편 즐거움은 연속 우승과는 다른 차원의 말이다. 정확히 말하면 기대를 받고 높은 평가를 받아 즐거워지기도 하겠으나 이미 즐겁다면 기대를 강하게 의식할 필요가 없다. 즐거움에 집중하면 인정 욕구의 강박에 빠질 위험도 줄어든다.

즐거움의 효용은 그것만이 아니다. 심리학자인 미하이 칙센트미하이는 인간은 하나의 활동에 몰입하는 플로우Flow 상태일 때 잠재력을 발휘한다고 주장했다. 즐거움은 바로 몰입한 상태 자체인 것이다.

보수적인 리더들은 여전히 공부나 일에서 고군분투하는 걸 좋아하고 즐거움을 느낀다는 것은 진지하지 못하다는 증거라고 생각한다. 그러나 진정한 즐거움은 장난치거나 대충하는 게 아니다. 오히려 집중력을 최고로 발휘하는 생산적인 상태라고 여겨야 한다.

| 또 다른 세계라는 새로운 가능성 |

최근에는 직장인이라도 본업과는 다른 명함을 가지고 다니는 사람이 늘었다. 평일 퇴근 후나 주말을 이용해 비영리단체나 동호회에서 활동하며 보람을 찾는 사람도 적지 않다.

그런 활동을 장려하는 바람도 불고 있다. 정부는 근무 방식 개혁의 일환으로 부업을 장려하고 그에 대응해 기업과 관공서에서도 부업을 허용하는 움직임이 이어지고 있다. 소속 조직 밖에서 보람이나 성취감 그리고 인정 욕구를 채우는 자리를 얻게 된다면 노동 환경에도 영향을 미칠 것이다.

또한 직장이 있는 대학원생이 늘어나 분야에 따라서는 사회인 대학원생이 오히려 많은 경우도 있다. 대학원생 중에는 인정 욕구의 강박에 빠져 탈락하는 사람이 적지 않다고 했는데 회사나 관공서라는 또 다른 세계를 가진 사회인 대학원생은 그럴 위험이 적다. 대학원에 다닌 것을 계기로 다른 회사나 대학으로 자리를 옮기는 사례도 많다.

대학생들도 마찬가지다. 학교라는 공동체에 완전히 귀속되기보다 학교 밖 동아리나 단체 등에 들어가거나 SNS 등을 통해 외부 사람들과 네트워크를 구축한다면 강박에 빠질 위험이 줄어든다. 유학을 다녀와 바깥 세계를 경험하는 것도 현재 자신이 놓인

위치를 상대화해 생각하는 데 도움이 될 것이다.

| '우리는 가족'이라는 말은 이제 그만 |

조직 입장에서 보면 거꾸로 조직원의 중요한 세상, 준거집단을 내부로 잡아두는 게 편리하다. 주위 눈을 의식할 테니 함부로 행동하지 않을 테고 도망칠 곳이 없으니 다소 무리한 요구를 하더라도 수긍하기 마련이다.

그런 이유로 많은 조직은 구성원이 '또 다른 세계'를 갖는 걸 싫어한다. 정부가 부업 장려를 아무리 외쳐도 노동정책연구·연수기구가 2018년 2~3월에 걸쳐 실시한 조사에 따르면 75.8퍼센트의 기업이 "부업이나 겸업을 허가할 계획은 없다"라고 대답했다. 많은 기업이 대학졸업자 신규 채용에 매달리는 것도, 여성이나 외국인 채용에 소극적인 것도, 더 나아가 가족적인 사내 분위기를 과시하는 것도 속내는 거기에 있다.

더 비판적으로 얘기하자면 조직이 오히려 인정 욕구의 강박을 이용해온 것이다. 최근 이에 따른 폐해가 곳곳에서 나타나고 있다.

일본 기업들은 명확한 비전이나 획기적인 신제품을 내놓지 못해 노동생산성이나 이익률에서 유럽과 미국에 크게 뒤처지고 있다. '우리는 가족'과 같은 구호로 친밀감 쌓기를 지나치게 강조하는 사내 분위기를 싫어해 외국계 기업이나 스타트업 쪽으로 이직하려는 사람도 늘어나고 있다.

그런 폐해가 단번에 표면으로 떠오른 것이 2017년부터 잇따라 발각되어 커다란 사회문제가 된 관공서와 대기업의 비리, 스포츠계의 갑질과 폭력이었다. 이들이 인정 욕구의 강박과 관계가 있다면 강박을 일으키는 공동체형 조직 자체에 칼을 대야 할 때가 온 것이다.

| 자신의 노력에 자부심을 가지는 일 |

관료나 대기업 엘리트 사원이 잇따라 일으킨 조직의 부정. 이미 말한 대로 부정 가운데 대부분은 인정 욕구에 대한 강박이 깊이 관련되어 있다. 그들이 놓인 상황을 보건대 높은 인지된 기대와 일에 대한 낮은 자기효능감의 격차 그리고 공동체에 대한 강한 의존이 있다. 즉 강박을 일으키는 조건이 완벽하게 갖춰진 것이다.

주위의 기대에 부응해야 한다는 의식이 강함에도 불구하고 일을 수행하는 능력에는 자신이 없다. 결국은 직장이라는 폐쇄적인 세계에서 상사의 평가에 매달린다. 그 결과 하릴없이 부정에 손을 대는 사례가 많은 것이다.

그리고 또 하나, 공동체형 조직에는 부정을 유발하는 특징이 있다. 바로 익명주의, 즉 개인의 얼굴이 보이지 않는다는 점이다. 공동체형 조직에서는 '일은 조직으로 하는 것'이라는 전제가 있어서 개인의 권한과 책임이 모호하고 기본적으로 개인은 겉으로 드러나지 않는다. 그러므로 구성원들은 저마다 내부의 눈과 내부의 평가에 신경을 쓰는 한편 외부의 눈, 외부의 평가에는 신경 쓸 필요가 없다. 바로 그 점이 사회의 상식이나 이익을 훼손하면서까지 동료나 상사를 우선하는 행동을 하게 만든다.

이런 문제를 해결하는 방법은 각각의 구성원이 자신의 노력에 자부심을 가지고 일의 프로가 되는 것이다. 직업사회학에서 프로란 의사, 변호사, 과학자 등 고도의 전문 지식을 이용하며 공익 봉사를 사명으로 하는 직업을 말한다. 다만 기업 같은 조직에서 일하는 연구직, 일부 기술직, 디자이너, 건축가 같은 직종도 그 전문성과 능력의 범용성이라는 면에서 전문가로 볼 수 있다.[48] 여기서는 이 모든 걸 다 합쳐 프로라고 부르겠다.

노파심에 덧붙이자면 프로는 보통 전문 능력을 이용해 어느 정도 정리된 일을 하므로 그런 점에서 아주 한정된 일만 수행하는 전문가와는 다르다.

무엇보다 프로에게는 전문 능력이야말로 생명선이므로 당연히 일에 대한 자기효능감이 높다. 기대와의 격차도 줄어들어 상황에 따라 기대를 웃도는 공헌을 할 수 있다. 예를 들어 전문 분야에서는 상사보다 부하가 더 뛰어난 견해를 지니는 경우도 있다.

그러므로 상사의 마음에 들 필요도 없고 아니다 싶으면 이직하면 그만이다. 오히려 소속 조직에 아양을 떨거나, 상사의 마음에 들려고 부정을 저지르면 전문가 사회에서는 도태된다. 나아가 프로로 인정받지도 못한다.

이 차이가 가지는 의미는 크다. 공동체형 조직 안에서는 사실상 기능하지 않는 내부 고발 제도도 자기의 일에 자신감이 있는 프로라면 보복을 두려워하지 않고 이용할 수 있다. 오히려 조직의 존재 이유보다 사회적 정의를 우선시하는 게 프로로서의 권위와 자긍심으로 이어진다.

또 하나 잊어선 안 되는 것은 공동체형 조직의 특징인 개인의 익명성이 부정을 유발한다는 점이다. 자신의 이름이 겉으로 드러나지 않으면 아무래도 무책임해지기 쉽다.

반면에 자기 일에 자부심이 있는 프로 의식이 있는 사람들은 원칙적으로 자기 이름을 내걸고 일하고 각자가 개인으로 평가받는다. 그러므로 조직 뒤에 숨거나 개인의 익명성을 악용한 부정을 일으키기 어렵다. 자기 얼굴에 먹칠하고 싶은 사람은 아무도 없다.

물론 프로도 조직의 구성원으로 일하는 이상 조직 안에서 '인정받고 싶다'라는 마음은 있다. 그러나 '인정받아야만 해'라는 절박함을 가질 이유는 줄어든다.

나아가 기업은 사원의 이직이나 독립을 막으려고 할 게 아니라 오히려 인재 육성을 전제로 기업이나 개인 모두에게 이익이 되는 구조를 구축해야 한다.

기존의 공동체형 조직은 시간문제일 뿐 반드시 붕괴할 수밖에 없다. 그렇다면 조직과 개인 모두, 이러한 변화에 앞서 각자의 일에 자부심을 갖고 노력하는 시간이 필요하지 않을까. 그 또한 결국 인정 욕구에 대한 강박을 풀 궁극적인 기회로 이어질 것이다.

인정에 연연하지 않는
오늘을 위해

스포츠계에서 눈길을 끄는 사건이 연달아 일어났다.

하나는 후쿠오카현에서 열린 전국일본실업단 릴레이 경주 여자 예선 대회. 2구간을 맡은 이와타니산업의 이이다 레이 선수가 중간에 다리가 골절되어 달릴 수 없어졌다. 그러자 선수는 구간 골인 지점까지 200미터를 기어가서 다음 선수에게 어깨띠를 건넸다. 이 장면은 TV로도 중계되어 나의 머릿속에 그 충격적인 모습이 오랫동안 남았다.

또 하나는 도버에서 열린 체조 세계선수권대회 남자 예선이었다. 당시 일본팀은 5개 종목을 끝낸 상황에서 1위였다. 그런데 마지막 종목인 안마에 나선 일본팀은 에이스 우치무라 고헤이가 안마에서 떨어지자 이어서 다니카와 와타루도 균형을 잃고 떨어졌다. 그러자 2015년 세계선수권에서 동메달을 따는 등 안마가 주종목인 가야 가즈마까지 떨어지고 말았다. '기대에 부응해야만 해'라는 부담감이 얼마나 컸을지 쉽게 상상이 간다.

요즘 젊은이들은 친구들에게 라인LINE 메시지가 오면 조금도 지체하지 않고 답장을 보내는 데 온 신경을 곤두세우고 친구들과 모이면 분위기가 나빠지지 않도록 최선을 다해 분위기를 띄운다. 리아쥬(현실 세계에서 충실히 지내는 사람—옮긴이)처럼 보이려고 인터넷에 올릴 사진을 함께 찍어주는 친구 대행 서비스를 이용하는 젊은이들도 많다고 한다.

앞서 살펴봤듯 SNS도 이용자 대다수가 친구나 지인에게 '인정받아야만 해'라는 심정으로 글을 올리는 실태가 두드러진다. 배경에는 역시 인지된 기대, 자기효능감, 문제의 중요성이라는 세 가지 요소가 얽혀 있다고 설명할 수 있다.

'인정받아야만 해'라는 부담감을 과도하게 주는 사회는 분명히 문제가 있다. 인정이란 개인의 개성과 노력, 업적 등을 보며 자연스럽게 칭찬이 나오는 일이다. 인정받기 위해 무언가를 해야 하는 게 아닌데 주객이 전도된 셈이다.

최근 이상할 정도로 만연하고 있는 우울증이나 집단 따돌림, 등교 거부, 갑질, 과로사와 과로 자살, 기업과 관공서의 조직 부정 등은 그런 왜곡에서 생긴 게 아닐까. 유럽과 미국보다 현저히 낮은 시간당 생산성, 기업 이익률, 국제경쟁력도 부정적인 부담감을 주는 조직과 사회의 체질과 전혀 관계가 없진 않을 것이다.

그렇기에 더 늦지 않게, 인간의 욕구 중에서도 가장 강력한 욕구라고 할 수 있는 인정 욕구를 건전한 방향으로 전환할 방법을 함께 찾고 사람과 조직, 사회에 활력을 되찾아야 할 것이다.

나는 이제까지 인정과 인정 욕구에 관한 책을 여러 권 썼는데 모두 그 긍정적인 면에 초점을 맞춰왔다. 그러나 그 책들을 쓰는 내내 인정과 인정 욕구의 부정적인 면이 머릿속에 달라붙어 있었고 점점 커졌다. 그 정체도 조금씩 보였다.

원래 인정 욕구는 사회과학의 세계에서도 그다지 주목받지 못했다. 명확한 울림이 있는 자아실현 욕구, 성취 욕구 등이 널리 알려진 바와는 대조적이다. 하지만 실은 정말 중요한 욕구이자 인간이 가지는 의욕의 원천으로, 또 행동과 성장의 원동력으로 아주 핵심적인 역할을 하고 있다.

사회는 사람들의 인정 욕구에서 비롯한 의욕과 노력 덕분에 발전하고 번영해왔다. 과장처럼 들릴 수 있겠으나 인간의 인정 욕구 없이는 조직도 사회도 성립하지 않는다.

때로는 모든 이의 마음 깊숙이 숨죽이고 있는 인정 욕구, 그 욕구가 무의식 속에서 정신적 부담이 되어 본인의 뜻과는 달리 무리하도록 하거나 자유를 빼앗기도 한다. 앞서 살펴봤듯 그것이 과로사나 과로 자살, 범죄, 조직 부정이라는 중차대한 사태를 일으키기도 한다.

그렇기에 특수한 사람들이 일으킨 예외적인 사례로 치부하고 넘길 일이 아니라 누구나 일정한 조건만 갖춰지면 같은 문제를 일으킬 가능성이 있다는 것을 간과해서는 안 된다. 우리를 둘러싼 환경이 달라짐으로써 그럴 가능성은 더 커지고 있다. 따라서 문제의 본질, 즉 그런 일들이 인정 욕구에 대한 강박 때문에 일어난다는 점을 외면하지 말아야 할 것이다.

책에는 이제까지 내가 보고 들었던 다양한 사례와 에피소드, 연구 프로젝트, 설문 조사 결과 등을 이용했다. 정보를 제공해주신 분들, 조사에 협력해주신 분들께 감사드린다. 자신의 경험과 이야기해준 학생들에게도 감사를 전한다.

참고 문헌

1   A.H.매슬로『인간성의 심리학』산업능률단기대학출판부, 1971년.

2   E.L.데시『내발적 동기부여: 실험사회심리학적 접근』세이신쇼보, 1980년.

3   앨버트 밴듀라『Self-Efficacy: The Exercise of Control』W. H Freeman&Co, 1997년.

4   후루쇼 준이치『일본 아이들의 자존감은 왜 낮은가: 아동정신과 의사의 현장 보고』고분샤, 2009년.

5   베네세교육종합연구소 제4회 국제비교조사「가족 속의 아이들」, 1994년.

6   사토 요시코『일본 아이와 자존심: 자기주장을 어떻게 기를까?』중앙공론사, 2009년.

7   내각부「일본과 여러 외국의 젊은이 의식에 관한 조사」, 2013년.

8   NTT도코모리서치·니혼게이자이신문「인사 평가에 관한 조사」, 2015년.

9   이치카와 마모루『NHK스페셜, 뇌가 되살아나다: 뇌졸중·재활혁명』주부와생활사, 2011년.

10   가토 고이치『마구 칭찬하는 학원의 의욕을 기르는 방법』가도가와, 2018년.

11   J.M.쿠제스·B.Z.포스너『칭찬을 잘하는 리더가 되라』쇼에이샤, 2001년.

12   스즈키 신이치「스트레스 관리」, 사카노 유지·마에다 모토나리 편저『셀프에피커시의 임상심리학』기타오지쇼보, 2017년.

13   오카모토 고이치·이마노 히로유키『조직 건전화를 위한 사회심리학』신초

샤, 2006년.

14 데이비드 돕스『Teenage Brains』National Geographic, 2011년.

15 빅터 프랭클『현대인의 병: 심리요법과 실존철학』마루젠, 1972년.

16 이와이 히로시『모리타요법』고단샤, 1986년.

17 크리스 버딕『기대의 과학: 나쁜 예감은 왜 적중하는가?』한큐커뮤니케이션
   즈, 2014년.

18 기요하라 가즈히로『기요하라 가즈히로의 고백』문예춘추, 2018년.

19 리처드 세일러「Toward a Positive Theory of Consumer Choice」『Journal of
   Economic Behavior and Organization 1』, 1980년.

20 오무로 마사시『산업 의사가 바라본 과로 자살 기업의 내면』슈에이샤,
   2017년.

21 구마자와 마코토『지나치게 일하다가 쓰러진다면: 과로사·과로 자살이 말
   하는 노동의 역사』이와나미서점, 2010년.

22 노동정책연구·연수기구「근무 방식의 현상과 의식에 관한 설문 조사」,
   2005년.

23 노동정책연구·연수기구「연차 유급휴가 사용에 관한 조사」, 2010년

24 조지 호먼스『사회 행동: 그 기본 형태』세이신쇼보, 1978년.

25 피터 블라우『교환과 권력·사회 과정의 변증법 사회학』신초샤, 1974년.

26 곤노 하루키『블랙 아르바이트: 학생이 위험하다』이와나미서점, 2016년.

27 혼다 유키「자아실현이라는 덫의 착취: 확대되는 새로운 과로」, 『세계』
   2007년 3월.

28 나카무라 사토미「우울증에 걸린 직장인의 직장 스트레스 처리에 관한 인
   지 및 행동 과정」, 일본응용심리학회『응용심리학 연구』제41권 제2호,

2015년 11월.

29 에린. T. 벡『인지요법·정신요법의 새로운 발전』이와사키학술출판사, 1990
    년.

30 이와타 잇테쓰『직장 스트레스와 그 관리: 스트레스 축적 과정에 주목해서』
    소세이샤, 2018년.

31 시바 신타로『우울증을 살리다』치쿠마쇼보, 2002년.

32 이데 소헤이『은둔형 외톨이의 사회학』세계사상사, 2007년.

33 구보 마사토『번아웃의 심리학: 소진 증후군이란』사이언스사, 2004년.

34 혼다 유키『다원화하는 능력과 일본 사회: 하이퍼메리토크라시화 속에서』
    NTT출판, 2005년.

35 이나바 요지『기업 부정은 왜 일어나는가: 소셜 캐피털로 해명하는 조직 풍
    토』중앙공론신사, 2017년.

36 콜린 윌슨, 『A Criminal History of Mankind』Granada Publishing, 1984년.

37 니타 겐이치『조직과 엘리트들의 범죄: 그 사회심리학적 고찰』아사히신문
    사, 2001년.

38 시로야마 사부로『관료들의 여름』신초샤, 1975년.

39 오시카 야스아키『도시바의 비극』겐토샤, 2017년.

40 후세 토요마사『자살과 문화』신초샤, 1985년.

41 이노우에 타다시『세간 시선의 구조: 사회심리사로의 시도』일본방송출판
    협회, 1977년.

42 딜로이트 토마츠「기업의 부정 리스크 조사 백서」, 2018년

43 오타 하지메·일본표창연구소『표창 제도』도요경제신보사, 2013년.

44 게오르크 지멜『돈의 철학』하쿠스이샤, 1978년.

45   Uri Gneezy and Aldo Rustichini,「A Fine is a Price」Journal of Legal Studies, vol. 29, 2000년.

46   하나다 미쓰요『인사 제도의 경쟁 원리 실태』『조직 과학』하쿠토쇼보, 제21 권 제2호, 1987년 9월.

47   이와데 마사유키『항상 이기는 집단의 원칙: 스스로 배우고 성장하는 인재 가 길러지는 이와데식 마음 매니지먼트』니케이BP사, 2018년.

48   오타 하지메『프로페셔널과 조직: 조직과 개인의 간접적 통합』도분칸출판, 1993년.

옮긴이 | **민경욱**

1969년 서울에서 태어나 고려대학교 역사교육과를 졸업했다. 1998년부터 일본문화포털 '일본으로 가는 길'을 운영했고, 현재는 전문 번역가로 활동하고 있다. 옮긴 책으로는 히가시노 게이고의 『아름다운 흉기』, 『11문자 살인사건』, 『브루투스의 심장』, 신카이 마코토의 『날씨의 아이』, 이사카 고타로의 『SOS 원숭이』, 요시다 슈이치의 『거짓말의 거짓말』 등이 있다.

인정받고 싶은 마음

초판 1쇄 발행 2020년 6월 12일

지은이 오타 하지메 **옮긴이** 민경욱
발행인 이재진 **단행본사업본부장** 신동해
편집장 이남경 **책임편집** 윤진아
디자인 어나더페이퍼 **마케팅** 이현은 권오권
홍보 박현아 최새롬 **제작** 정석훈

브랜드 웅진지식하우스 **주소** 경기도 파주시 회동길 20
주문전화 02-3670-1595 **팩스** 031-949-0817
문의전화 031-956-7421(편집) 031-956-7068(마케팅)
홈페이지 www.wjbooks.co.kr
페이스북 www.facebook.com/wjbook
포스트 post.naver.com/wj_booking

발행처 (주)웅진씽크빅
출판신고 1980년 3월 29일 제406-2007-000046호
한국어판출판권 ⓒ (주)웅진씽크빅, 2020
ISBN 978-89-01-24258-3 03340

* 웅진지식하우스는 (주)웅진씽크빅 단행본사업본부의 브랜드입니다.
* 이 책의 한국어판 저작권은 비씨 에이전시를 통한 저작권사와의 독점계약으로 (주)웅진씽크빅에 있습니다. 저작권법에 의해 한국 내에서 보호를 받는 저작물이므로 무단전재와 무단복제를 금합니다. 이 책 내용의 전부 또는 일부를 이용하려면 반드시 저작권자와 (주)웅진씽크빅의 서면동의를 받아야 합니다.
* 이 도서의 국립중앙도서관 출판도서목록(CIP)은 서지정보유통지원시스템 홈페이지(http://www.seoji.nl.go.kr)와 국가자료공동목록시스템(http://www.nl.go.kr/kolisnet)에서 이용하실 수 있습니다. (CIP2020019125)
* 책값은 뒤표지에 있습니다.
* 잘못된 책은 구입하신 곳에서 바꾸어 드립니다.